Ensino religioso

Coleção **TEMAS DO** *Ensino Religioso*

I. Pressupostos do Ensino Religioso
1. Ensino religioso: construção de uma proposta – João Décio Passos
2. Ensino religioso: aspecto legal e curricular – Sérgio R. A. Junqueira, Rosa L. T. Corrêa, Ângela M. R. Holanda
3. Que é religião?
4. Religião e ciência
5. Religião e interdisciplinaridade
6. Educação e religiosidade

II. Questões Fundamentais
1. O sagrado
2. Narrativas sagradas
3. Ritos: expressões e propriedades – Maria Angela Vilhena
4. A ética
5. Como a religião se organiza: tipos e processos – João Décio Passos

III. Tradições Religiosas
1. Catolicismo brasileiro
2. As constelações protestantes
3. Pentecostais: origens e começo – João Décio Passos
4. Religiões indígenas e afro-brasileiras
5. Religiões orientais no Brasil
6. Novos movimentos religiosos: o quadro brasileiro – Silas Guerriero
7. Espiritismos

IV. Temas Contemporâneos
1. Pluralismo religioso: as religiões no mundo atual – Wagner Lopes Sanchez
2. Fundamentalismo ontem e hoje
3. Sincretismo religioso
4. Em que crêem as tribos urbanas?
5. O uso de símbolos: sugestões para a sala de aula – Maria Celina de Queirós Cabrera Nasser

JOÃO DÉCIO PASSOS

Ensino religioso

Construção de uma proposta

Paulinas

Dados Internacionais de Catalogação na Publicação (CIP)
(Câmara Brasileira do Livro, SP, Brasil)

Passos, João Décio
  Ensino religioso : construção de uma proposta / João Décio Passos. — São Paulo : Paulinas, 2007. — (Coleção temas do ensino religioso)

  Bibliografia.
  ISBN 978-85-356-1268-4

  1. Educação religiosa 2. Ensino I. Título. II. Série.

  07-2162   CDD-371.07

Índice para catálogo sistemático:
1. Ensino religioso escolar : Educação   371.07

A coleção *Temas do Ensino Religioso* é uma iniciativa
do Departamento de Teologia e Ciências da Religião da PUC-SP

Direção-geral: *Flávia Reginatto*
Editores: *Afonso Maria Ligorio Soares*
          Luzia M. de Oliveira Sena
Copidesque: *Ana Cecilia Mari*
Coordenação de revisão: *Marina Mendonça*
Revisão: *Leonilda Menossi*
         Jaci Dantas
Direção de arte: *Irma Cipriani*
Gerente de produção: *Felício Calegaro Neto*
Editoração eletrônica: *Wilson Teodoro Garcia*

Nenhuma parte desta obra poderá ser reproduzida ou transmitida por qualquer forma e/ou quaisquer meios (eletrônico ou mecânico, incluindo fotocópia e gravação) ou arquivada em qualquer sistema ou banco de dados sem permissão escrita da Editora. Direitos reservados.

Paulinas
Rua Pedro de Toledo, 164
04039-000 – São Paulo – SP (Brasil)
Tel.: (11) 2125-3549 – Fax: (11) 2125-3548
http://www.paulinas.org.br – editora@paulinas.com.br
Telemarketing e SAC: 0800-7010081

© Pia Sociedade Filhas de São Paulo – São Paulo, 2007

SUMÁRIO

Apresentação da coleção 7
Introdução 13

Primeira parte

ENSINO RELIGIOSO: PROBLEMÁTICAS E MODELOS

I. Ensino religioso: uma questão epistemológica 27
II. Modelos de ensino religioso 49
III. Ciências da Religião e ensino religioso 69

Segunda parte

ENSINO RELIGIOSO: MEDIAÇÕES EPISTEMOLÓGICAS E FINALIDADES PEDAGÓGICAS

I. O ensino religioso é necessário? 81
II. A formação do docente para o Ensino Religioso 113
Considerações finais 133

Bibliografia 142

Àquela que ensinou e partiu, minha avó Maria.
Àquele que chegou aprendendo, meu filho Ítalo.
Entre os dois, vivo o desafio de aprender-ensinar a *re-ligar*.

APRESENTAÇÃO DA COLEÇÃO

Esta obra é o mais recente trabalho do professor João Décio Passos – o terceiro de sua lavra que é publicado na coleção *Temas do Ensino Religioso*.[1] Ele tem uma origem remota e outra imediata. A origem remota é partilhada com os demais volumes da mencionada série de temas. O professor Passos é um dos idealizadores desta iniciativa do Departamento de Teologia e Ciências da Religião (DTCR) da Pontifícia Universidade Católica de São Paulo (PUC-SP). Em sintonia com o Fórum Nacional Permanente do Ensino Religioso (Fonaper), e na trilha de publicações especialmente voltadas para esta demanda – como a conceituada revista *Diálogo*, da Paulinas Editora –, nosso sonho tem sido o de contribuir para a garantia da disciplina *Ensino Religioso* (ER) na formação básica do cidadão.

Para tanto, tarefa inadiável é investir no apoio aos docentes da disciplina, incentivando sua capacitação específica. Ao sugerir e coordenar tal projeto, a equipe do DTCR quer unir a prática de educadores que já desenvolvem o Ensino Religioso em muitas escolas do país com a pesquisa que vários profissionais das Ciências da Religião vêm desenvolvendo no âmbito universitário. Dessa forma, esperamos que estes subsídios consigam ir ao encontro de uma demanda reprimida por obras na área e com esta perspectiva.

---

[1] Do mesmo autor, já saíram nesta coleção: *Pentecostais:* origens e começo; e *Como a religião se organiza:* tipos e processos.

Este projeto nasceu de uma "provocação" criativa que nos foi feita por Paulinas Editora, cujo protagonismo na área é notório e reconhecido.[2] Entre os principais objetivos aqui almejados, destacamos: proporcionar aos docentes o conhecimento dos elementos básicos do fenômeno religioso a partir da experiência dos alunos; expor e analisar o papel das tradições religiosas na sociedade e na cultura; contribuir com a compreensão das diferenças e semelhanças entre as tradições religiosas; refletir sobre a relação entre os valores éticos e práticas morais com as matrizes religiosas presentes na sociedade e na cultura; apresentar a religião como uma referência de sentido para a existência dos educandos e como um fator condicionante para sua postura social e política; elucidar a problemática metodológica, curricular e legal do ER; e, finalmente, explicitar os processos de constituição, identificação e interação das denominações religiosas em seus diferentes contextos.

Assim como este trabalho de Passos, todos os demais são escritos como subsídio para a formação dos docentes de ER e de disciplinas afins do ensino fundamental e médio. Sabemos da importância de uma formação que prepare especificamente para o ER e é inegável a carência de material adequado e de publicações academicamente qualificadas. Portanto, cremos ser bastante oportuna uma coleção que contemple as grandes

---

[2] Além da já mencionada revista *Diálogo*, são exemplos da opção de Paulinas sua presença junto ao Fonaper, a coleção didática sobre ER, o patrocínio da revista do Departamento de Teologia e Ciências da Religião da PUC-SP: *Religião & Cultura*, e as coleções voltadas para a formação em Ciências da Religião (*Repensando a Religião*, *Religião e Cultura*, *Literatura e Religião* e *Estudos da ABHR*).

temáticas e as enfoque diretamente para quem deve lecionar esta disciplina.

O olhar que lançamos sobre o fenômeno religioso não é confessional nem pertence a esta ou àquela "teologia". Os temas estudados têm como base epistemológica as Ciências da Religião. Esta abordagem possibilita a análise diacrônica e sincrônica do fenômeno religioso, a saber, o aprofundamento das questões de fundo da experiência e das expressões religiosas, a exposição panorâmica das tradições religiosas e as suas correlações socioculturais. Trata-se, portanto, de um enfoque multifacetado que busca luz na Fenomenologia, na História, na Sociologia, na Antropologia e na Psicologia da religião, contemplando, ao mesmo tempo, o olhar da Educação. Além de fornecer a perspectiva, a área de conhecimento das Ciências da Religião favorece as práticas do respeito, do diálogo e do ecumenismo entre as religiões. Contribui, desse modo, com uma educação religiosa de caráter transconfessional que poderá incidir na formação integral do ser humano.

De certo modo, esta coleção inspira-se nos *Parâmetros Curriculares do ER* assim como foram originalmente pensados pelo Fonaper. Tais balizas tiveram sua importância num passado recente, na busca de um consenso construído por profissionais e especialistas da área, para definir as bases teóricas e metodológicas de um ER que supere abordagens e práticas de recorte catequético ou teológico. Nesse sentido, os volumes publicados prestam a devida atenção a aspectos como: culturas e tradições religiosas; distintas teologias; textos sagrados e tradições orais; *ritos* e *ethos*. Além disso, o conjunto dos títulos pretende apresentar problemas epistemológicos de fundo, tais como a pesquisa científica que nutre essa área; a educação; a interdisciplinaridade; a legislação sobre ER; a definição de Religião – bem como expor as grandes tradições religiosas que compõem de modo particular o campo religioso brasileiro. É principalmente nesse aspecto epistemológico que o presente livro de João Décio Passos é muito bem-vindo. Ele é, ademais, o primeiro volume da seção *Pressupostos*, que trata das questões de fundo, a saber, definições, teorias, paradigmas e sujeitos envolvidos no fenômeno religioso.[3]

Mas aludíamos acima à origem imediata deste livro. De fato, sua redação resulta do contexto que trouxe à luz o *IX Seminário de Capacitação Docente para o Ensino Religioso*. Este teve lugar na PUC-SP, *campus* Consolação, nos dias 3 e 4 de outubro de 2006. O tema sugerido para o seminário consistiu na aproximação entre a pesquisa das Ciências da Religião e a transposição didática de seus resultados no ER. A preocupação comunicada a todos os conferencistas convidados para o evento foi que procurassem refletir sobre a identidade das Ciências da Religião e sua relação com o ER em vista de orientar a formação dos professores para essa área de conhecimento.

Em sua conferência, dedicada aos desafios mútuos entre Ciências da Religião e ER, o professor Passos avançou pelo terreno epistemológico a fim de desconstruir o impasse enfrentado nessa área. Descartando os modelos catequético e teológico para o

---

[3] As outras três seções são: *Questões fundamentais* (elementos constitutivos das tradições religiosas), *Tradições religiosas* (matrizes e instituições predominantes no campo religioso brasileiro e mundial) e *Temas contemporâneos* (alguns processos que dinamizam as religiões).

ER, Passos defendeu o modelo das Ciências da Religião como o único habilitado a sustentar a autonomia epistemológica e pedagógica do ER. Ele situou o fundo político da problemática epistemológica e reconheceu o valor teórico, social e pedagógico do estudo da religião para a formação do cidadão. Assim, o ER na rede pública de ensino é mais que *educação da religiosidade;* visa à *educação do cidadão*, uma vez que a dimensão religiosa é algo presente no indivíduo e na sociedade. Secundariamente, o ER até poderá contribuir com o discernimento e aperfeiçoamento da religiosidade dos próprios estudantes, mas esse não é seu pressuposto necessário.

O presente livro é uma versão daquela conferência, ampliada e reescrita nos moldes desta coleção.[4] Como sempre, temos tido o cuidado de oferecer textos em linguagem acessível, sem hermetismos acadêmicos, com alusões internas a autores e obras fundamentais, com poucas e sucintas notas de rodapé. Ao final de cada capítulo, são propostas algumas questões para recapitulação do assunto e indicadas algumas obras a quem desejar aprofundar a discussão. No fim do volume, há uma referência bibliográfica completa.

Por fim, só nos resta agradecer ao professor Passos por mais esta valiosa contribuição e a todas as entidades que tornaram possível esta realização. Fazemos votos de que realmente seja cumprida a meta de atingir e satisfazer nosso público preferencial.

---

[4] O artigo que deu origem a este livro está em Passos, J. D. Ensino Religioso: mediações epistemológicas e finalidades pedagógicas. In: Sena, Luzia (org.). *Ensino Religioso e formação docente:* ciências da religião e ensino religioso em diálogo. São Paulo, Paulinas, 2006. pp. 21-45.

E como se trata de um processo de construção socializada dos temas, continuam sendo muito bem-vindas as críticas e sugestões enviadas à coordenação do projeto, a fim de que possamos aprimorar a qualidade dos próximos volumes e das eventuais reedições dos lançamentos desta série.

Dr. Afonso Maria Ligorio Soares – PUC-SP
Coordenador da Coleção *Temas do Ensino Religioso*

INTRODUÇÃO

A Lei n. 9.475, de julho de 1997, que modificou o artigo 33 da atual Lei de Diretrizes e Bases (LDB), deu ao Ensino Religioso (ER) um lugar epistemológico e pedagógico no currículo do ensino fundamental, colocando-o como *parte integrante da formação básica do cidadão* e como *disciplina dos horários normais do ensino fundamental*. Podemos dizer que, a partir de então, o ER tem uma identidade definida em termos formais. O parágrafo primeiro do mencionado artigo define a responsabilidade por sua execução de maneira conseqüente: os sistemas de ensino se responsabilizarão pelos *conteúdos* e pela *habilitação dos professores*. Em síntese, ele possui relevância pedagógica; é disciplina regular e de responsabilidade do Estado. Ocorre, em princípio, uma "desconfessionalização" do ER, o que rompe com as orientações legais anteriores que, quase sempre, remetiam a sua gestão às confissões religiosas, confirmando a idéia moderna de que religião é tão-somente assunto das instituições religiosas e, portanto, extrapolando a competência do sistema de ensino. No entanto, o parágrafo segundo estabelece uma orientação que, na ordem dos fatos, mantém o vínculo com as confissões religiosas, no que concerne aos conteúdos a serem definidos. É verdade que essa definição terá como mediação uma "entidade civil" de natureza interconfessional. As Igrejas saem de cena como as responsáveis diretas pelo ER, dando um caráter mais acadêmico a seus conteúdos. Acreditamos que nesse parágrafo está localizado o calcanhar-de-aquiles do ER, tendo em vista que se abre uma brecha para a manutenção de seu caráter confessional e do interesse das Igrejas em assumir sua condução no interior das escolas. Ele expressa o tratamento diferenciado dado a essa disciplina, uma vez que o estabelecimento dos conteúdos das demais disciplinas do ensino fundamental não está delegado a nenhuma entidade civil, mas tão-somente embasado na tradição científica, reproduzida e transmitida legítima e legalmente pelas escolas de ensino superior.[1]

Além disso, parece ser verdade que o fato de a lei remeter a responsabilidade pela habilitação do professor aos sistemas de ensino deixou em aberto inúmeras possibilidades de cursos, sem garantir uma base mínima para essa formação, de modo a responder, coerentemente, a sua natureza de disciplina regular dos currículos como área de conhecimento. Também nesse aspecto o ER ficou na condição de exceção, pois as exigências legais para o exercício do magistério, em qualquer disciplina, estabelecem a necessidade da formação em curso superior de licenciatura. Diante disso, a formação do docente de ER acabou ficando numa espécie de campo aberto, composto de diferentes forças: as Igrejas, com suas intencionalidades missionárias; as entidades civis, com seus esforços titânicos de oferecer uma tese consistente de formação docente; e o próprio Ministério da Educação e que se tem negado a legislar e gestar a questão.

De fato, desde a nova LDB, o Ministério da Educação não conseguiu implantar uma política de ER que superasse a clássica

---

[1] Sobre a atual legislação, conferir estudo de AZEVEDO JUNQUEIRA, Sérgio R. *O processo de escolarização do Ensino Religioso no Brasil*. Petrópolis, Vozes, 2002.

questão da separação Igreja-Estado, o que significou não conseguir sustentar uma proposta consistente desse ensino: do ponto de vista antropológico, como uma dimensão humana a ser educada; do ponto de vista epistemológico, como uma área de conhecimento com estatuto próprio, conforme indica a Resolução n. 2/98, da Câmara de Educação Básica; e, do ponto de vista político, como uma tarefa primordialmente dos sistemas de ensino e não das confissões religiosas. Ao tratar dos conteúdos do ER, o quadro legal atual, além de manter o vínculo religião-confissões, desconsidera que esse conteúdo possa vir a ser definido academicamente, ou seja, a partir de estudos cientificamente consolidados sobre o objeto *religião*. No fundo, há uma área de conhecimento ainda não assimilada pelos sistemas de ensino, enquanto tradição de conhecimento fundamentada e legítima, capaz de fornecer fontes teóricas e metodológicas para os conteúdos do ER.

O quadro reproduz uma problemática antiga, que tem a idade do próprio Estado moderno. No Brasil, tem a idade da República, uma vez que persiste a ausência de uma solução efetiva para a questão. Tudo parece voltar aos valores instituintes do Estado moderno — a sua laicidade, o respeito às liberdades religiosas, a separação da Igreja-Estado —, apesar de os estudos de religião, nos seus mais diversos recortes teóricos e metodológicos, já terem constituído uma área de conhecimento epistemologicamente consolidada, sem falar de toda a tradição teológica transmitida por muitas universidades como um saber racionalmente fundamentado, desde as suas origens no século XII.

As saídas adotadas até então para a implementação do ER não compuseram uma proposta consistente; ao contrário, reproduziram as dicotomias políticas no âmbito acadêmico: a laicidade do Estado sustenta a exclusão do estudo e do ensino da religião da esfera de sua competência. O ER permanece direta ou indiretamente refém das antigas referências confessionais, administrado, muitas vezes, pelas Igrejas ou entregue aos professores de outras disciplinas, os quais não possuem formação específica para ministrar aulas nessa área de conhecimento. Também é verdade que as experiências de cursos superiores de licenciatura em ER, além de sofrerem orfandade legal, sobretudo por parte do Ministério da Educação, necessitam, muitas vezes, de uma clareza epistemológica que lhes garanta autonomia e legitimidade. Não raro, encontramos cursos de Ciências da Religião que escondem em suas concepções e práticas curriculares elementos materiais e formais dos currículos de teologia historicamente ligados às Igrejas.

O Brasil possui, hoje, uma considerável pluralidade de modelos de ER, o que se desenha em função de iniciativas locais e não de uma diretriz comum e sólida, capaz de produzir uma prática docente consistente para esse ensino em âmbito nacional. Ao longo da história, essa área de estudo esteve quase sempre sob controle da Igreja Católica, enquanto instituição religiosa hegemônica; seguiu, pois, os parâmetros catequéticos, teológicos e pedagógicos da Igreja, mesmo quando um "modelo moderno" concretizou-se, tendo como base o respeito às diferenças religiosas existentes no interior das escolas. Mesmo nesse caso, tal estudo parece não ter conseguido justificar-se epistemologicamente como área de conhecimento perante as demais, superar politicamente a linha da tolerância às diferenças e, pedagogicamente, construir uma metodologia capaz de incluir a diversidade de experiências religiosas e não-religiosas.

Sem entrar no mérito político e eclesiológico da separação Igreja-Estado, esse parece ter sido o problema subjacente às questões que se mostraram e se mostram, imediatamente, na discussão e nos encaminhamentos do ER. Sendo o assunto religião de propriedade das confissões religiosas, não poderá, a rigor, sair desse âmbito, mesmo quando se tornar disciplina escolar. Portanto, conforme reafirma o parágrafo segundo do artigo anteriormente citado, seus conteúdos devem, via de regra, provir das confissões religiosas. Tal impasse gera as práticas hoje visíveis no tocante à docência do ER: ou é reivindicado e assumido explicitamente por agentes confessionais, ou oferecido pelo Estado a instituições acadêmicas laicas, ou, ainda, assumido por sistemas de ensino que reproduzem curricularmente teologias confessionais. Na verdade, a proposta mais coerente e consistente desse ensino, organizada pelo Fórum Nacional Permanente do Ensino Religioso (Fonaper), não conseguiu, até agora, institucionalizar-se como norma comum, talvez, sobretudo, por falta de condições políticas, não obstante os anos de aprofundamento teórico-metodológico e de militância competente de seus agentes junto aos sistemas de ensino.[2] A ausência de uma diretriz nacional explícita sobre a formação docente para o ER tem impedido o avanço de experiências concretas de cursos superiores nas universidades supervisionadas pelos órgãos gestores do Ministério da Educação.

---

[2] Cf. FONAPER. *Parâmetros Curriculares Nacionais;* ensino religioso. São Paulo, Ave Maria, 1997.

O convencimento sobre a conveniência do ER escolar se dá, pois, no âmbito mais amplo e profundo de duas grandes questões. A primeira, solidamente cristalizada, é a da laicidade do ensino que exclui os conteúdos religiosos como ameaça aos princípios fundantes do Estado moderno. A segunda, fragilmente constituída, é a da fundamentação epistemológica desse ensino como área de conhecimento. O convencimento sobre a primeira questão, sem levar em conta a segunda, acaba por abrir espaço para as confissões religiosas assumirem a condução do ER, uma vez que são detentoras, segundo a própria concepção do Estado, dos conhecimentos religiosos. O convencimento a ser feito é, portanto, fundamentalmente de ordem epistemológica, ou seja, a demonstração do estudo da religião como uma área de conhecimento que goza de autonomia teórica e metodológica, sendo capaz de subsidiar práticas de ensino de religião dentro dos sistemas de ensino laicos, sem nenhum prejuízo de suas laicidades, ao contrário, a favor delas. De fato, o estudo científico das religiões é tão laico quanto qualquer outro inscrito na esfera das ciências que são ensinadas nas escolas, o que não significa que todo ensino não traga em seus objetivos a formação de valores nos educandos. Toda ciência é ensinada nas escolas com finalidades pedagógicas e tem, portanto, crenças embutidas em suas programações; a educação não pode ser uma reprodução de princípios e métodos neutros, mas, sim, de valores a serem assimilados pelos educandos. A educação do intelecto e da vontade, na verdade, do ser humano em sua totalidade, funda-se numa teleologia: num tipo de pessoa e de sociedade que se quer construir. A composição curricular é o meio a ser percorrido para tal finalidade.

A questão do ER é ampla e complexa, envolve demolições e construções de natureza política, cultural, eclesial e teórica. A sua longa história construiu modelos de inserção curricular e de gestão, solucionados politicamente, o que satisfaz o Estado e as denominações religiosas: as confissões oferecem os conteúdos a serem ensinados e o Estado reconhece o direito da educação religiosa e controla a sua gestão em nome da pluralidade cultural e religiosa. Nesse sentido, a proposta deste trabalho pretende romper com essa tradição e colocar esse ensino num campo de natureza epistemológica, sabendo, evidentemente, do desafio político dessa empreitada pouco interessante para muitas lideranças religiosas e políticas. Trata-se de uma proposta que soma com um trabalho que vem sendo realizado, há alguns anos, por muitos intelectuais e militantes na direção da cidadania acadêmica e política plena do ER dentro das legislações, dos sistemas de ensino e, conseqüentemente, dos currículos escolares. O momento histórico parece propício para somar criativamente as várias experiências realizadas, em diversos pontos do país, sobre formação docente para o ER, com os estudos de religião consolidados em cursos de pós-graduação e graduação, contando também com as pesquisas que se têm feito em várias universidades brasileiras. Ao menos no âmbito das academias, parece não se tratar mais de um convencimento sobre a necessidade dos estudos e do ensino da religião, mas, sobretudo, de organização de propostas viáveis. O convencimento principal, ao que nos parece, terá de ser feito para um setor expressivo da sociedade civil: os dirigentes das Igrejas e dos órgãos de gestão do Ministério da Educação.

Este trabalho tem o objetivo de apresentar uma visão panorâmica da questão do ER, explicitando as contradições presentes em suas concepções e práticas e, ao mesmo tempo, sugerindo possíveis saídas que acreditamos ser coerentes. Em uma reflexão anterior já expusemos algumas questões que agora retomamos e aprofundamos.[3] Não há pretensões de originalidade, mesmo porque bons trabalhos já foram apresentados, abordando as temáticas aqui apresentadas e sugerindo saídas semelhantes. Trata-se de uma reflexão que quer tão-somente introduzir as grandes questões que subjazem aos modelos e práticas desse ensino construídos historicamente e discutir a possibilidade de um modelo que dê a esse ensino a dignidade acadêmica e pedagógica necessária para sua existência como disciplina do ensino fundamental. Sabemos das defasagens históricas e dos interesses envolvidos nesta proposta; porém, estamos convictos de que sua ousadia política não é maior que sua plausibilidade epistemológica. Tal plausibilidade sustenta uma proposição que nega duas posturas: uma que exclui o estudo e o ensino da religião da escola pública como ofensa ao princípio da laicidade e outra que afirma sua relevância tão-somente em função do direito de todo cidadão. Da inserção do ER nos currículos como disciplina regular não decorrem prejuízos para a pluralidade da sociedade moderna ou para a laicidade inerente à coisa pública. Ao contrário, ele pode oferecer elementos que, pedagogicamente, contribuem com a convivência social, pois o estudante vai contar

---

[3] Cf. Ensino religioso: mediações epistemológicas e finalidades pedagógicas. In: SENA, Luzia (org.). *Ensino religioso e formação docente*. São Paulo, Paulinas, 2006.

com instrumentos analíticos que possibilitam o discernimento dos comportamentos e da função da religião na sociedade e em suas próprias opções como cidadão. O princípio e o fato da secularização, que retiram a determinação ou influência do fator religioso da esfera pública, não podem ser traduzidos para a esfera epistemológica como uma regra que exclui a religião como um objeto de estudo legítimo, mesmo porque o processo de secularização não significou a extinção da religião da vida social, como mostra a história e, também, como muitos teóricos entendem. Nesse sentido, uma proposta dessa natureza e com esse intuito entra na fila das propostas que pretendem rever certos dogmas modernos ligados à secularização e apresentar a relevância da religião para a vida social e individual, assim como de seu estudo científico.

A reflexão que segue está estruturada em dois momentos básicos. Um primeiro: que examina a prática do ensino religioso com suas contradições e modelos. Um segundo: que expõe sua relevância e as possíveis saídas. As contradições do ER, com suas raízes históricas fincadas na modernidade, têm um fundo epistemológico na fraca institucionalização dos estudos de religião nas escolas de ensino superior; a discussão sobre sua cidadania nos currículos do ensino fundamental está diretamente relacionada com o debate sobre a cidadania teórica da religião enquanto objeto de estudo no âmbito da comunidade científico-acadêmica.

Acreditamos que um exame de suas práticas em termos tipológicos pode contribuir com uma visão geral desse cenário amplo e desafiante para os sistemas de ensino, para os estudiosos de religião e, também, para as Igrejas. A hipótese de três modelos de ER, o catequético, o teológico e o das Ciências da Religião, visa a detectar e sistematizar seus métodos no decorrer da história e também suas tendências atuais.

No segundo momento mostrará que a inserção plena do ER nos sistemas de ensino e nos currículos escolares poderá ocorrer, se efetivarmos o terceiro modelo baseado nas Ciências da Religião. Os cursos de graduação em Ciências da Religião podem oferecer a base epistemológica mais coerente para a formação dos licenciados em Ensino Religioso. Não se trata de uma operação simples que se resolva concedendo simplesmente título de licenciado em Ciências da Religião ou algo semelhante, sobretudo na atual concepção de Licenciatura. As ofertas dessas licenciaturas trazem o problema comum das demais, no que diz respeito à transposição didática dos conteúdos estudados nas graduações, para os conteúdos curriculares das disciplinas a serem ensinadas. Essa problemática de natureza cognitiva e didática merecerá atenção especial dos especialistas e dos proponentes dos cursos de formação docente, sobretudo em razão da fase ainda bastante incipiente em que se encontram o debate e os próprios cursos. A proposição dos conteúdos curriculares do ER pressupõe estudos e definições a esse respeito, para que não se repitam aqueles conteúdos já sedimentados — até mesmo a velha moral e cívica ou a catequese — nem se operem transposições diretas de conteúdos das disciplinas dos cursos de Ciências da Religião. A transposição didática dos conteúdos das Ciências da Religião para o ER constitui um desafio primordial das licenciaturas e um exercício metodológico permanente para essa docência.

No tocante aos conteúdos curriculares, vale alertar o leitor que não temos intenção e nem mesmo condição de oferecer propostas concretas neste estudo. Limitamo-nos a levantar as variáveis de fundo e a apresentar sugestões gerais sobre a fundamentação do ER. Sabemos que a natureza genérica da abordagem pode pedir, em muitos momentos, indicações mais concretas sobre "os finalmentes" da docência em ER, tarefa que acreditamos exigir o empenho conjunto das Instituições de Ensino Superior (IES), dos sistemas de ensino e das entidades ligadas à área de conhecimento, incluindo, sem dúvida, aquelas que militam em prol dessa disciplina. A nosso ver, a definição de conteúdos curriculares, organicamente ligada às diretrizes curriculares das licenciaturas e das Ciências da Religião, além de ter urgência nacional, será tarefa permanente para todas essas instituições, como no caso das demais áreas de conhecimento.

As concepções e práticas desse ensino, historicamente sedimentadas e politicamente resolvidas, assentam-se sobre incongruências epistemológicas que têm mantido essa disciplina no segundo escalão dos currículos. A *formação básica do cidadão* aguarda a *formação básica dos docentes* de ER para que esta disciplina possa efetivar-se como prática educativa legítima e comum no currículo e na vida dos educandos.

Primeira parte

ENSINO RELIGIOSO: PROBLEMÁTICAS E MODELOS

I

ENSINO RELIGIOSO: UMA QUESTÃO EPISTEMOLÓGICA

OBJETIVOS

- Introduzir a discussão sobre a necessidade de uma fundamentação epistemológica para o ER.
- Situar o ER como disciplina relevante dentro dos atuais currículos escolares.

SUBSÍDIOS PARA APROFUNDAMENTO

A atividade de ensino se dá a partir de conteúdos a serem difundidos; conteúdos que podem vir do senso comum, de tradições religiosas ou do acúmulo das pesquisas científicas, no caso, das ciências. De qualquer forma, há algo a ser ensinado aos educandos, independentemente da coerência e consistência dos conteúdos a serem propagados e também do modo como se ensina. Poderíamos fazer uma distinção básica entre o ensino que *reproduz* e o que *produz* conhecimento, sendo que, via de regra, o primeiro diz respeito às tradições que são repassadas de maneira espontânea ou sistemática às gerações ou aos discipulados, e o segundo, às ciências ensinadas com rigor teórico e metodológico na educação formal. Embora não exclua o primeiro tipo de ensino, a escola situa-se primordialmente no segundo, uma vez que pretende transmitir os resultados das ciências e, ao mesmo tempo, o processo de produção destas aos educandos. O ER escolar, exatamente por ser escolar, justifica-se como componente curricular enquanto expressão de uma abordagem científica. O processo de ensino-aprendizagem pode e deve decodificar valores e tradições, porém, dentro de um discurso regrado por fundamentos teóricos e regras metodológicas, ou seja, dentro de uma dinâmica lógica enraizada nas ciências.

Nesse sentido, por epistemologia do ER entendemos a sua base teórica e metodológica, enquanto área de conhecimento específica que assume a religião como um objeto de estudo, produzindo sobre este resultados compreensivos que normalmente são credenciados como ciência. No entanto, o que se pode constatar é a carência histórica de uma base epistemológica para o ER, que permanece, quase sempre, vinculado às tradições religiosas e termina por reproduzi-las nos currículos escolares. Mas, sendo a educação uma empreitada antropológica que visa a formar pessoas cidadãs, a epistemologia do ensino exige uma abordagem sobre valores a se transmitirem, ou seja, na epistemologia da educação está incluída a abordagem ética, como opção educacional a ser elucidada e como reflexão alicerçada em paradigmas teoricamente estabelecidos. A fundamentação do ER deverá, portanto, responder a estes dois aspectos indissociáveis do ato pedagógico: a disciplina científica que fornece conhecimentos teóricos e metodológicos e a explicitação dos valores que embasam e direcionam o ato pedagógico.

Significado do termo "ensino religioso"

Antes de entrarmos diretamente na problemática epistemológica do ER, vamos precisar essa nomenclatura um tanto polissêmica que pode designar práticas pedagógicas distintas e até opostas. Convém, contudo, esclarecermos inicialmente o significado do termo *religião* utilizado nessas reflexões. Não obstante as muitas possibilidades de conceituar religião,[1] parece ser consenso nos estudos sobre o assunto uma distinção básica entre religiosidade e religião, sendo que a primeira se refere a uma dimensão humana e a segunda aos sistemas religiosos. A religiosidade remeteria, portanto, à abertura do ser humano à experiência do Transcendente nos termos da fé, das expressões devocionais e das dinâmicas psíquicas que processam essa experiência. A religião significaria o momento consensual e organizacional dessa experiência como sistema simbólico, social e institucional. Essa distinção conceitual reflete a realidade e é, certamente, necessária para especificar os termos, sobretudo em se tratando de estudos de religião. Contudo, elas não podem opor o antropológico – âmbito individual da experiência definido como religiosidade – ao social, momento da organização coletiva dos sistemas religiosos. Na verdade, na ordem dos fatos, trata-se de dois pólos de uma única realidade que produz e processa as representações e práticas religiosas que envolvem de maneira dialética o indivíduo e o coletivo. A partir dessa consideração, podemos adotar uma conotação genérica para o termo *religião*,

---

[1] Cf. CRAWFORD, R. *O que é religião?*, pp. 13-20.

entendendo-o como essa experiência global do ser humano, enquanto indivíduo social, aberto a um Transcendente socialmente produzido no tempo e no espaço. Essa conotação abarcaria, portanto, tanto o aspecto antropológico da dimensão religiosa do ser humano quanto a sua dimensão organizativa, enquanto um sistema de símbolos, de papéis e estruturas sociais. Já tivemos a oportunidade de expor essa questão em um outro texto desta coleção.[2] O ato de ensinar uma religião, por parte das tradições religiosas, consiste, precisamente, na dinâmica de passagem dos significados coletivos para a esfera individual, uma vez que a objetividade social é interiorizada pelo grupo ou indivíduo que está sendo educado. Sendo assim, ao adotarmos o termo *religião* com esse sentido genérico, estamos sempre referindo implicitamente a dialética fundamental que envolve, na ordem prática, a experiência da religiosidade e da organização religiosa.

As religiões ensinam suas doutrinas em suas comunidades. As famílias ensinam suas tradições religiosas em casa. A escola básica ensina religião aos estudantes. As ciências humanas estudam os variados sistemas religiosos. Em todos os casos, a religião está sendo ensinada de algum modo, porém, de formas bastante diferentes. Uma questão é estudar religião para ser mais religioso, para professar fé em seus princípios; outra é estudá-la para purificar a fé racionalmente, caso típico da teologia; outra, ainda, é estudar religião para simplesmente compreendê-la melhor. Porém, em todos os casos, o ensino apresenta-se como algo importante e bom para a vida de quem aprende e, mesmo, para a vida de quem ensina.

---

[2] Cf. PASSOS, J. D. *Como a religião se organiza;* tipos e processos, pp. 32-44.

De fato, o significado de uma expressão varia conforme a época e os grupos que a utilizam. As práticas históricas produzem ou reproduzem palavras, de acordo com suas opções e interesses. O ER padece, além disso, de uma variedade de conotações por estar associado a diferentes interesses de sujeitos religiosos e políticos e expressar, portanto, diferentes configurações políticas que envolvem esses mesmos sujeitos em projetos político-pedagógicos concretos. Trata-se, pois, de um termo portador de múltiplos significados e que se refere a práticas muito diferenciadas e, obviamente, a interesses diversos. Sendo assim, devemos ter o cuidado de saber do que estamos falando ao utilizar a expressão comum e consagrada. Vejamos o exemplo de dois dicionários elaborados em contextos culturais e eclesiais bem distintos. O *Dicionário Enciclopédico das Religiões* conceitua ensino religioso como "doutrinação e educação da fé religiosa".[3] É uma definição que funde as concepções catequética e teológica desse termo, embora busque fundamentar-se, ao discorrer sobre o verbete, em estudos da CNBB que insistem sempre em diferenciar ER de catequese. Como veremos no decorrer da reflexão, em ambas as concepções, a catequética e a teológica, estão presentes o pressuposto e a finalidade da fé no ato de ensinar religião. Seguindo na mesma direção, o *Dicionário de Conceitos Fundamentais de Teologia* define-o como educação religiosa realizada nas escolas, sendo o espaço escolar exatamente o que o distingue da catequese, que pode ocorrer no âmbito da família da comunidade eclesial.[4] Esse dicionário expressa o significado e a

---

[3] V. I, pp. 942-943.
[4] Cf. pp. 225-229.

prática desse ensino na Alemanha e mostra que, tanto quanto no Brasil, há um vínculo direto entre as confissões religiosas e o ER. As Igrejas é que têm assumido essa causa e, de variadas formas, planejado os modos de implantação e gestão da educação religiosa dentro das escolas. Ambos os dicionários classificam o ER conforme a experiência histórica predominante e subjacente nesses países e que, *mutatis mutandis*, tem prevalecido em muitos outros ao longo dos tempos modernos. O saldo comum dessa experiência parece ser o seguinte: o Estado concede às Igrejas o direito de educar seus fiéis dentro das escolas, oferecendo diferentes formas de suporte, conforme as conjunturas e os acordos. Em suma, ER significa educação da religiosidade dos educandos.

De antemão, convém mencionar a ambigüidade dessas definições para determinar o que entendemos e estamos postulando para o estudo da religião nas escolas e que exclui, de imediato, qualquer conotação de adesão à confessionalidade e de educação religiosa estrito senso. Entendemos o ER como o ensino da religião na escola sem o pressuposto da fé (que resulta na catequese) e da religiosidade (que resulta na educação religiosa), mas com o pressuposto pedagógico (que resulta no estudo de religião). Este último pressuposto assume o estudo da religião como um valor tão fundamental para a educação do cidadão quanto quaisquer outros objetos que se apresentem como temáticas a serem estudadas e ensinadas. Portanto, embora deva haver distinção entre *ensino religioso* e *ensino da religião*, ou ainda, *ensino das religiões*, nesta obra vamos manter a primeira nomenclatura, que já se tornou lugar comum na legislação, nos sistemas de ensino, na academia e na própria rotina vocabular; trata-se, portanto, de um conceito geral que designa o estudo da religião como um componente regular nos currículos escolares.

O sentido que adotamos para ER rompe, portanto, com um senso estabelecido historicamente, basicamente no que diz respeito à educação da religiosidade, uma vez que o significado catequético parece estar superado, ao menos no âmbito da legislação e da própria Igreja Católica. A educação do cidadão é um processo complexo que inclui múltiplos aspectos, inclusive o religioso, sendo este último um dado antropológico e sociocultural presente na história da humanidade. Tal ensino estaria, portanto, fundado na factualidade e na relevância do preceito religioso para a vida social, fazendo parte de um projeto mais amplo que não coloca *a priori* a religiosidade dos sujeitos como algo a ser educado, mas, antes, os próprios sujeitos, independentemente de suas adesões de fé.

Como veremos no segundo capítulo, sugerimos um modelo para essa disciplina que ainda está por ser implantado e que deverá dispor de esforços advindos da comunidade acadêmica, política e dos sistemas de ensino. Podemos dizer que se trata de um modelo em gestação que tem contado com o empenho de muitas pessoas. Os resultados desses esforços já podem ser sentidos de maneira fragmentária, inclusive nos sistemas de ensino. De fato, a Resolução n. 2, de 7 de abril de 1998, sobre as Diretrizes Nacionais para o Ensino Fundamental, em seu art. 3º, item IV, inclui a educação religiosa como uma das áreas de conhecimento do ensino fundamental. Mas há que se assinalar que essa compreensão tem marcado presença em muitas pesquisas e nas produções e estratégias do Fonaper. Esse fórum, além de muitos encontros realizados em diferentes pontos do país, de gestões políticas junto aos sistemas de ensino e de experiências concretas de formação de docentes, criou os Parâmetros Curriculares Nacionais do Ensino Religioso. Pela primeira vez, uma entidade leiga de alcance nacional debruçou-se sobre a problemática do ER e elaborou uma orientação baseada numa abordagem externa do objeto religião, tendo como fonte teórica e metodológica o estudo científico da religião, privilegiando, ao menos no conjunto de sua estrutura formal, o enfoque fenomenológico. Os conteúdos dessa disciplina, segundo a orientação dos parâmetros, deverão ser instituídos a partir das várias Ciências da Religião, capazes de decodificar as tradições religiosas, as Escrituras e tradições orais, as teologias, os rituais e os *ethos* religiosos.[5]

O estudo da religião, nos padrões aqui propostos, deverá passar por um trabalho de elaboração no momento da composição dos conteúdos curriculares. Basicamente, o desafio consistirá em traduzir os conteúdos das Ciências da Religião, com suas múltiplas possibilidades de abordagens e de resultados, em conteúdos a se inserirem na disciplina de ER.

Em busca de um fundamento epistemológico

As discussões recorrentes sobre o ER partem, geralmente, de uma direção política já constituída que divide, quase sempre, os debatedores em favoráveis e contrários e estabelece os conteúdos

---

[5] Cf. FONAPER, op. cit.

a serem ensinados em função das confissões religiosas. Essa divisão produz, muitas vezes, debates acalorados e configura uma espécie de maniqueísmo político-religioso que confronta crentes e não-crentes. Em todos os casos, o estudo da religião ainda é visto como uma questão das confissões religiosas, que deve ficar restrito a esse campo de ação, ou então ser levado para dentro das escolas por agentes eclesialmente autorizados. O problema do ER escolar permanece, dessa forma, como algo de natureza política e deve assim ser tratado quanto a sua normatização e operacionalização; é um assunto que se encaminha, em última instância, mediante acordos entre as autoridades políticas e eclesiásticas, garantindo o direito de escolha dos alunos e a laicidade das escolas. Esta solução é antiga e já se apresentou no Decreto de 30 de abril de 1931, que retornava o ER para a escola pública, e em sucessivas Constituições.[6]

Na verdade, até o presente o ER não se mostrou como um desafio para as ciências reproduzidas nas práticas curriculares, ou seja, como uma área de conhecimento dentre as demais, muito embora seja reconhecida como tal pela Resolução n. 2/98 da Câmara de Educação Básica. A solução proposta pelo Padre Leonel Franca em 1931 situava esse ensino no âmbito pedagógico, ao sustentar sua legitimidade a partir dos fundamentos filosóficos da prática educacional. De acordo com esse arguto jesuíta, toda ação pedagógica exige uma finalidade que a sustente em última instância, um valor que permita direcioná-la na busca da formação moral do educando. A educação deve, pois, superar a

---

[6] Cf. GRÜEN, W. *O ensino religioso na escola*, pp. 59-71.

mera formação intelectual e atingir o indivíduo como um todo, sem o que ficaria incompleta e necessitaria de um fundamento absoluto de valor, sendo esse fundamento fornecido pela religião. Em síntese: a educação necessita de uma base moral que por sua vez requer um fundamento religioso.[7]

Não obstante a solidez lógica e a importância histórica desse posicionamento que coloca o ER como parte integrante do ato educacional, estamos hoje em condição de traçar novos parâmetros para a sua inserção na escola, no âmbito de uma abordagem não somente ético-pedagógica, mas também das ciências que compõem os currículos escolares. Isso significa alguns deslocamentos teóricos, metodológicos e políticos. Do ponto de vista teórico, a religião deve ser tratada como um objeto de estudo importante para a educação; um componente que contribui com a formação geral do cidadão, assim como outros que integram os currículos do ensino fundamental. Uma metodologia correspondente e coerente com essa concepção rompe com as reproduções confessionais de cunho catequético e, talvez, com a concepção que coloca o aprimoramento da religiosidade como pressuposto inicial do ER. Do ponto de vista político, decorrem tarefas a serem realizadas no âmbito da academia, especificamente com relação à formulação de propostas para formação do docente de religião, e, no âmbito governamental, de institucionalização e legalização de tais cursos.

O ER assumido como tarefa epistemológica remete sua fundamentação para o âmbito das ciências e de seu ensino nas

---

[7] Cf. FRANCA, L. *Ensino religioso e ensino leigo*, pp. 10-11.

escolas. As perguntas sobre *o que ensinar* e *como ensinar* regem as licenciaturas como questões a se articularem curricularmente no interior dos cursos destinados à formação de docentes nas diversas áreas de conhecimento. No entanto, para que estas últimas sejam reconhecidas como tais, devem possuir embasamento próprio, ou seja, ter objetos, metodologias e teorias que juntos componham um conjunto coerente e consistente que normalmente adquire o *status* de ciência. É próprio da ciência elucidar algum âmbito da realidade e ser capaz de comunicar o rumo dessa elucidação e resultados. As escolas, desde os seus primórdios, têm a tarefa de introduzir os sujeitos nesse caminho, mostrando-lhes os resultados do conhecimento e ensinando-lhes a trilhar o mesmo percurso na direção de uma autonomia intelectual sempre maior. Há, portanto, uma base teórica que segue a consistência pedagógica na prática de ensino nas escolas. Embora possamos e devamos falar em educação firmada em valores humanos, políticos e éticos, para os quais, em última instância, orientam-se o ensino das ciências e a formação intelectual, aquilo que é ensinado nas escolas tem que estar substancialmente embasado numa tradição científica; numa referência explicativa e valorativa que vá além do senso comum e de interesses individuais e de grupos. Não se trata de negar as tradições e as visões de mundo de cada educando, como bem nos ensinam as teorias pedagógicas atuais, mas de proporcionar aos estudantes uma articulação de seus mundos, inclusive o religioso, com as referências oferecidas pelo acúmulo de conhecimento oferecido pelas diversas ciências.

A religião, embora tenha acompanhado o percurso histórico da educação escolar, sobretudo na Idade Moderna, esteve fora desse jogo racional e pedagógico, concretizado na pesquisa e no ensino desenvolvidos nas academias e reproduzidos nas escolas; foi compreendida, quase sempre, como importante para o processo educativo dos estudantes, mas como um dado basilar da educação moral ou, em muitos casos, da formação do cidadão confessional. Desse modo, as religiões hegemônicas obtinham dos sistemas de ensino um serviço à reprodução de suas doutrinas, mesmo quando essa reprodução não se tenha instaurado como obrigatória para os estudantes de outras índoles religiosas. Até hoje, as escolas não tiveram condições de implantar um ER cientificamente embasado, ficando, quase sempre, obrigadas a importar seus conteúdos das tradições confessionais e a contar com os seus agentes. Os sistemas de ensino, responsáveis políticos e legais pela gestão das instituições de ensino de um modo geral, constituem a fonte do problema, uma vez que não apresentam uma saída diferente, mantendo o ER na condição de exceção epistemológica dentre as demais áreas de conhecimento: um conteúdo e um componente curricular importante para a educação dos alunos, mas com menor ou até sem nenhuma consistência teórica e, por direito, mantido sob a responsabilidade das instituições religiosas. No entanto, a raiz da questão remete para o âmbito da própria comunidade científica, que bastante tardiamente produziu uma base teórica e metodológica capaz de tratar a religião cientificamente, assim como para a própria base do Estado moderno; este, em nome de sua laicidade, não tem sido capaz de ver a religião desvinculada dos nichos eclesiais de onde procede e, o pior, dos interesses expansionistas das Igrejas.

De qualquer forma, o ER tem ocorrido, muitas vezes, de um modo parasitário dentro das escolas e com as raízes mais profundas fincadas dentro das confissões religiosas. Em ambos os lugares, oferece suas propostas educativas e busca sua fundamentação teórica e metodológica que pode variar em função de fatores políticos e eclesiais. A procura por uma base epistemológica pode hoje contribuir com a superação de modelos científicos modernos centrados numa visão um tanto especializada da realidade, na busca de modelos mais abrangentes que respondam à educação dos sujeitos em sua totalidade de dimensões e relações.

Educação, conhecimento e religião

A busca do lugar legítimo para o ER nos currículos escolares remete-o ao lugar-comum das demais disciplinas como área de conhecimento. Embora legislado como tal, ele padece dessa fundamentação e as razões dessa carência estão sendo expostas nesta reflexão. O tratamento dessa disciplina como um direito do cidadão crente reduziu a questão ao campo político, o que ficou reforçado pela ausência de uma tradição acadêmica suficientemente forte em estudo científico da religião em nosso país. Contudo, acreditamos que conhecer a lógica da religião contribui com a educação para a cidadania plena em nossos dias de modernidade avançada e decadente, em que pesa, de formas variadas, a presença da religião. O dado religioso faz parte da vida social e cultural e compõe o universo das opções individuais de maneira direta ou indireta. A disciplina do ER insere-se na escola como um exercício de ciência a ser feito com os alunos sobre a religião em suas expressões simbólicas e valorativas.

A disciplina de Ensino Religioso

As escolas nasceram como expressão da autenticidade do conhecimento e da legitimidade de sua transmissão nos vários contextos políticos e culturais. A clássica figura do mestre agregava em torno de si os discípulos interessados em adquirir o saber; sua figura gozava de genuinidade como autoridade capaz de difundir ensinamentos. As escolas foram constituídas como lugar de conservação e comunicação de conhecimentos com seus instrumentos materiais e humanos, com suas regras e rituais didáticos e acadêmicos, até que, nos tempos modernos, foi assumida como uma das tarefas da *coisa pública*, que passou a legislar e atestar sua veracidade e autoridade como meio de conhecimento e formadora dos cidadãos. A partir de então, além de ser a expressão do estado da ciência, a escola deve ser a expressão do Estado democrático. Ela educa enquanto expressa coerentemente esses dois estados, sob pena de reproduzir ensinamentos falsos e segregações de todas as espécies.

Podemos dizer que a escola está fundada nas tradições científicas, construídas, sobretudo, a partir da modernidade. Os currículos pretendem ser traduções dos resultados a que chegaram essas ciências nos últimos séculos, resultados esses indispensáveis para a convivência e vida profissional dos cidadãos na sociedade moderna. Nos currículos estão, portanto, envolvidos, de variados modos, sujeitos, objetos, processos e resoluções das chamadas ciências. Nesse sistema, chamado sociedade moderna, todas as partes se ligam de algum modo, mas sempre de maneira orgânica, às determinações das ciências, na sua versão tecnológica, nos significados culturais e nas regras de convivência social. Trata-se, obviamente, de um sistema carregado de contradições, soma de inclusões e exclusões de seus bens e serviços para os sujeitos e grupos sociais. A escola quer ser, por natureza e missão, um meio de inclusão no sistema moderno, ainda que termine por reproduzir em suas práticas as incongruências sociais desse sistema.

De qualquer forma, educar é conduzir pelos caminhos do conhecimento na busca da autonomia intelectual e política. Portanto, ciência, ensino-aprendizagem e cidadania formam o tripé de toda ação educativa, imediatamente traduzida em ação social (conhecimento, poder, ação) que, por sua vez, manifesta-se em ação econômica (competência, profissão, produção). Caso a ação pedagógica pela autonomia, relacionada à ação pela sobrevivência e a toda politização, excluir, por qualquer razão, a dimensão básica da produção da vida, estará conferindo um papel alienador à escola. A escola que ensina a ler o mundo, ensina, ao mesmo tempo, a atuar nele de maneira responsável e competente, sem o que a cidadania fica truncada e incompleta. Sem dúvida, o risco da escola moderna é fechar-se no ciclo estreito do ensino-competência-concorrência que captura toda estrutura e dinâmica curricular. A cidadania oferecida pela educação será verdadeira na medida da sua autonomia crítica e criativa, para fazer e refazer a sociedade. O profissional cidadão não é um mero executor técnico de padrões preestabelecidos pelo mercado, mas um sujeito capaz de agir em sociedade com consciência de si e do mundo e de sua missão enquanto parte de um todo.

O conhecimento é assimilação crítica e responsável de conteúdos e métodos acumulados pelas ciências no decorrer da história. A escola é a facilitadora dessa assimilação ao ensinar a aprender, ao oferecer aos educandos posturas e estratégias cognitivas e éticas para a decodificação dos conteúdos científicos, hoje dispostos, para além de seus muros, a todos os sujeitos nas mais diferentes mídias mundialmente conectadas.

O ER participa desse processo complexo de ensinar a conhecer com autonomia e responsabilidade que é creditado à escola. A religião não é um conteúdo especial, mas compõe o conjunto dos demais conhecimentos, tanto como fonte de informação sobre o ser humano, a sociedade e a história, quanto como fonte de valor para a vida dos educandos. A epistemologia sustentadora do ER, assim como das demais disciplinas, pretende resgatar a totalidade da vida humana na sua singularidade individual e social e nas suas variadas dimensões. As ciências elucidam, cada qual com seus objetos e métodos próprios, aspectos de uma única realidade que inclui a natureza e as construções humanas; embora enfoquem partes dessa realidade com seus referidos objetos, não dão conta sozinhas da totalidade que é a realidade. Hoje, mais do que nunca, sabemos da necessidade da relação entre as diversas disciplinas para que se possa achegar ao máximo naquilo que constitui a vida nas suas múltiplas dimensões e relações.

A religião, com seus respectivos estudos, pode participar de maneira ativa dessa revisão do isolamento das disciplinas – do monodisciplinar – na busca do interdisciplinar, de forma a ajudar na educação do ser humano como um todo: no aspecto biológico, social, psicológico e espiritual. A epistemologia do ER busca, portanto, resgatar sua cidadania como disciplina cientificamente alicerçada que pode contribuir através da natureza totalizante de seu objeto e da dinâmica interdisciplinar das abordagens das Ciências da Religião. O estudo da religião rompe com a epistemologia moderna centrada na prática monodisciplinar e, por decorrência, na visão fragmentada da realidade; epistemologia que, ao menos em suas abordagens hegemônicas, negou lugar à religião e, muitas vezes, ao seu estudo. O ER assume, necessariamente, em suas definições curriculares, a crítica ao conhecimento tecnicista que instrumentaliza o conhecimento no domínio de algum aspecto restrito da realidade, a crítica ao positivismo que coloca a ciência como a única versão da verdade e a crítica à neutralidade das ciências como abordagem definitiva da realidade. O estudo da religião inclui, em si mesmo, o confronto com a pluralidade de modelos, a decodificação de experiências valorativas que envolvem os sujeitos, a abordagem de questões que transcendem pragmatismos teóricos e sociais e a busca de valores que fundamentam a convivência humana.

As ciências que fundamentam as disciplinas escolares pretendem conduzir ao coração da realidade da vida; revelar aquilo que constitui as partes e o todo que compõe o planeta com todos os seres vivos. As religiões produziram e produzem representações e práticas sobre essa totalidade que podem auxiliar em sua manutenção ou destruição; elas podem chocar-se ou somar com uma educação para a vida em comum na busca da sustentabilidade planetária. O ER deverá contribuir com a visão da postura do educando dentro desse todo como cidadão responsável. A educação para a cidadania é educação para a vida, e o estudo da religião tem uma palavra a dizer nessa tarefa urgente.

Educação e religião

O ato de conhecer-ensinar-conhecer está carregado de valores, ainda que não explicitados nas filosofias que instituem os projetos educacionais, nas posturas dos professores, e mais, nas próprias teorias científicas. Existem sempre opções e crenças veladas ou reveladas por debaixo das atividades de pesquisa e de ensino, mesmo quando se postula neutralidade científica ou mesmo neutralidade pedagógica. O ato de transmitir conhecimento é um ato direcionado para um ponto de chegada, para uma finalidade a ser atingida, em termos individuais e sociais. No fundo, há um tipo de indivíduo e de sociedade que se quer construir quando nos lançamos na tarefa de educar. Isso significa que professamos fé em um determinado projeto de pessoa e de sociedade, numa referência utópica que nos move para a frente, mesmo que não tenhamos as evidências imediatas de que essa construção esteja sendo concretizada ou até de que seja possível. O ato pedagógico é, nesse sentido, um ato de fé em algo novo a ser alcançado, sem que haja necessariamente controle empírico dos resultados. A busca do *novo ser* norteia sempre aquele que educa e produzirá efeitos nos educandos. Por decorrência, a educação pretende, portanto, não somente transmitir conteúdos na forma de idéias, conceitos, teorias e processos cognitivos, mas também ensinar a viver. O velho jargão de que *escola deve educar para a vida* permanece sempre verdadeiro.

A educação transmite regras, posturas e valores que misturam de maneira não simples o cognitivo e o moral, conteúdos científicos e valorativos, habilidades metodológicas e existenciais no fluxo de um mesmo conjunto de ações que envolvem educadores e educandos, competências e posturas. É a pessoa na sua totalidade que se visa formar, incluindo, pois, todas as suas dimensões enquanto ser vivo, social, cultural e, portanto, como um ser que se comporta a partir de valores. Em termos clássicos, educa-se não somente o intelecto, mas também a vontade; habilita-se não só tecnicamente, mas também humanamente.

Com essas premissas, podemos dizer que o estudo da religião deverá fazer parte do processo educacional como um conteúdo curricular indispensável para a educação completa do cidadão. Sua presença e relevância sociocultural perpassam a vida individual e coletiva como representações radicais sobre a realidade, como fonte de valores e regras de vida. Na esfera individual, as convicções religiosas têm sempre um papel paradigmático na construção do ser humano, enquanto ser aberto e em permanente acabamento. As tradições religiosas têm um ideal de pessoa humana a ser alcançado: o ser perfeito mediante a graça de Deus no cristianismo, a perfeição do nirvana no budismo, a purificação do espírito nas tradições reencarnacionistas, e assim por diante. Esses paradigmas são referências que orientam explicitamente a educação religiosa *ad intra* das tradições religiosas e que estão presentes como valores disseminados nas diversas culturas. Max Weber, em sua conhecida obra *A ética protestante e o espírito do capitalismo*, expôs de maneira clara como as concepções protestantes puritanas influíram nas sociedades ocidentais capitalistas. Num esforço semelhante de compreensão do Brasil, Sérgio Buarque de Hollanda fala da influência do catolicismo na formação cultural nacional.

A educação tem diante de si pessoas concretas a serem educadas entranhadas desses valores com o que eles têm de positivo e de negativo. O valor religioso poderá, de fato, servir de ajuda na construção da convivência humana, assim como agir destrutivamente sobre ela, como podemos observar no decorrer da história e, nos últimos tempos, na ação de grupos políticos (religiosos) fundamentalistas. A escola deverá assumir isso em sua tarefa educativa como lugar de reflexão sobre a realidade a partir das referências oferecidas pelas ciências sobre os mais diversos elementos que dão forma à sociedade. A educação *sobre a* religião e *da* religiosidade é uma tarefa de todos, a começar da escola pública, o que se distingue, evidentemente, da educação *para* a religiosidade que compete tão-somente às confissões religiosas no interior de suas comunidades. A partir dessa consciência da realidade é que se poderá construir o cidadão livre e responsável. Se esse não for mais religioso, o que até poderá ocorrer, deverá ser mais ético e consciente da força da religião na vida pessoal e individual.

QUESTÕES

1) Compare o conceito de ER proposto com outras concepções e práticas conhecidas.
2) Construa cenários em que a religião pode educar e deseducar.
3) Distinga entre educação *da* religiosidade e *para* a religiosidade.

BIBLIOGRAFIA SUGERIDA

GRÜEN, Wolfgang. *O ensino religioso na escola*. Petrópolis, Vozes, 1995.
AZEVEDO JUNQUEIRA, Sérgio R. *O processo de escolarização do Ensino Religioso no Brasil*. Petrópolis, Vozes, 2002.

II
MODELOS DE ENSINO RELIGIOSO

OBJETIVOS

- Apresentar modelos de ER como instrumento metodológico que favoreça a compreensão das práticas ocorridas ao longo da história.
- Oferecer, mediante os modelos, elementos para o discernimento dos fundamentos subjacentes às concepções e práticas de ER.
- Apresentar as Ciências da Religião como um modelo coerente para a fundamentação teórica e metodológica do ER.

SUBSÍDIOS PARA APROFUNDAMENTO

A história do ER tem seu lugar político e epistemológico nos tempos modernos. Nesse ambiente foram sendo construídas diversas práticas que visavam, por um lado, garantir o direito do ER aos educandos, tendo em vista o princípio da liberdade religiosa e, por outro, preservar a laicidade do Estado. Nesse campo de forças, estiveram presentes as Igrejas e o Estado, como interessados e responsáveis diretos pela sua gestão. A variedade de práticas construídas não rompeu com o impasse básico que tem impedido o ER de ser dirigido pela escola, enquanto reprodutora da comunidade científica e das políticas educacionais do próprio Estado. Todos os esforços realizados no sentido de se construir uma prática coerente dessa disciplina gravitou sempre em torno da questão da confessionalidade religiosa e da laicidade do Estado. Estamos hoje em condição de pensar um modelo que supere esse impasse em nome da autonomia dos estudos de religião e da própria educação.

A construção de modelos de ER visa a captar de maneira sintética essas práticas construídas ao longo da história e, ao mesmo tempo, desfazer esse ciclo de retorno permanente do igual: *o vínculo do ER com a confessionalidade*. Os três modelos sugeridos a seguir têm como parâmetro o fundamento desse ensino, ou seja, sua base teórica e metodológica, de onde decorrem conteúdos, posturas políticas e didáticas na relação professor-aluno e no próprio ensino-aprendizagem.

Três modelos de Ensino Religioso

A diversidade de práticas de ER já foi exposta em vários estudos com outras chaves analíticas, muitos deles focando, sobretudo, a evolução histórica dessas práticas, com suas sucessivas transformações. A especialista no assunto, Anísia de Paula Figueredo, fala em duas correntes históricas sobre o ER. Uma primeira que nega seu ensino na escola, em nome da laicidade do Estado e do próprio ensino público; e uma segunda que defende a sua presença na escola, em nome do direito do cidadão em receber da coisa pública a educação que deseja para os filhos.[1] Do ponto de vista da fundamentação do ER, o estudo de Cristina V. Cândido apresenta três fontes: os contrários, a CNBB e o Fonaper, sendo que os dois últimos, embora favoráveis ao ER, divergem em sua compreensão, na ótica dos fundamentos confessionais.[2] Giseli do Prado Siqueira fala em quatro modelos de ER em sua pesquisa de mestrado:[3] o modelo confessional, ligado a uma religião; o ecumênico, organizado entre as denominações cristãs; e o modelo baseado no estudo do fenômeno religioso, sugerido pelo Fonaper e que define o ER como educação da religiosidade, tendo como base o pensamento de Paul Tillich e W. Grüen. Além dos contrários e favoráveis, do ecumênico e do confessional, uma distinção importante parece ficar clara na maioria das propostas, inclusive nas orientações da CNBB: a catequese é vista como atividade de educação da fé, realizada no seio da comunidade confessional, enquanto o ER é considerado uma atividade de educação da dimensão religiosa dos estudantes dentro das escolas. Vamos expor essa diversidade de compreensões e métodos a partir do recurso metodológico dos modelos ideais, sabendo da concomitância de vários conceitos e práticas em conjunturas legais, políticas e eclesiais concretas.

---

[1] Cf. FIGUEIREDO, A. de Paula. *Realidade, poder, ilusão*, pp. 151-183.
[2] Cf. CÂNDIDO, C. V. *O ensino religioso em suas fontes*; uma contribuição para a epistemologia do E.R., passim.
[3] Cf. *Tensões entre duas propostas de ensino religioso*: estudo do fenômeno religioso e/ou educação da religiosidade, pp. 49-51.

Os três modelos sugeridos pretendem captar e remeter para as concepções e práticas concretas dessa disciplina; referem-se, portanto, às suas proposições e não a entendimentos contrários. Vale ressaltar que, também do ponto de vista geográfico, muitas e diversificadas experiências foram se construindo no território nacional, cada qual expressando o jogo de forças locais e atuação de agentes especializados no assunto. Uma tal diversidade não permite uma descrição fidedigna das muitas práticas neste pequeno estudo, mesmo que pretendêssemos fazê-lo.

Mas, antes de entrarmos na exposição da estrutura e dinâmica desses modelos, convém alertar para o significado dessa operação analítica que traz consigo riscos de simplificações e incompreensões. A estratégia weberiana dos tipos ideais nos fornece as possibilidades e os limites do recurso tipológico. Os tipos são mapas ideais extraídos da realidade a partir de práticas concretas, porém, não puras. As práticas são sempre impuras, ou seja, contêm misturas de elementos diversos que a tipologia ideal não expressa em seus esquemas unívocos e simples. Contudo, os modelos esquemáticos visam a fornecer referências para a visualização e análise das práticas concretas. Há, portanto, que se evitar qualquer continuidade simples entre o modelo analítico e a realidade concreta, por natureza sempre diversificada e em movimento. Os modelos que estabelecem as práticas de ER podem esconder em sua singularidade a realidade plural dessas práticas com suas peculiaridades localizadas no tempo e no espaço, marcadas sempre por traços tendenciais, mas também por misturas de elementos. Os modelos aqui apresentados captam as propensões predominantes nas práticas de ER, com base no critério da fundamentação epistemológica. As práticas de ER configuraram sistemas que envolveram pressupostos, conteúdos, métodos, sujeitos, legislações e estratégias políticas no decorrer da história. Esses sistemas baseiam-se em uma determinada visão de religião e de estudo de religião, assim como numa visão e numa prática pedagógica correspondente. Poderíamos falar, então, em composição de fundamentos do ER, ou seja, naquele conjunto de concepções que garantem sua justificativa no âmbito da comunidade escolar e dentro dos sistemas de ensino. Os modelos aqui apresentados centram-se nesses fundamentos do ER e buscam elucidá-los em seus aspectos estruturais e em suas relações.

Vale ressaltar que além dos três modelos sugeridos – o catequético, o teológico e o das Ciências da Religião – pode haver outros e, muitas vezes, uma composição dos três. São possíveis de construção modelos pedagógicos, modelos que tomem como critério a participação das confissões religiosas na gestão do ER ou, ainda, modelos retirados de periodizações históricas. Existem outras formas de caracterizar e denominar o que aqui está sendo denominado *modelo* e que já foram apresentadas em bons estudos; a opção metodológica por essa nomenclatura tem um sentido didático que visa a mapear as práticas existentes e projetar novas práticas do ponto de vista epistemológico.

O critério epistemológico objetiva captar os fundamentos dos métodos de ER, num esforço de construir uma análise genética da questão, ou seja, expor conceitualmente seus pontos básicos e suas decorrências diretas e colaterais para as práticas de ontem e de hoje. O ER construiu um percurso histórico que nos concede os elementos para apreender seus modelos subjacentes, e muitas vezes hegemônicos, e projetar um modelo novo, quiçá mais coerente com os desafios da realidade atual. Podemos dizer que os três modelos têm sua concretização numa certa seqüência cronológica. O modelo catequético é o mais antigo; está relacionado, sobretudo, a contextos em que a religião gozava de hegemonia na sociedade, embora ainda sobreviva em muitas práticas atuais que continuam apostando nessa hegemonia, utilizando-se, por sua vez, de métodos modernos. Ele é seguido do modelo teológico que se constrói num esforço de diálogo com a sociedade plural e secularizada e sobre bases antropológicas. O último modelo, ainda em construção, situa-se no âmbito das Ciências da Religião e fornece referências teóricas e metodológicas para o estudo e o ensino da religião como disciplina autônoma e plenamente inserida nos currículos escolares. Ele tem por meta lançar as bases epistemológicas para o ER, deitando suas raízes e arrancando suas exigências do universo científico dentro do lugar-comum das demais disciplinas ensinadas nas escolas. Paradoxalmente, a modernidade tem favorecido a sobrevida da abordagem catequética no âmbito das escolas como uma solução política viável para a relação entre a Igreja e o Estado, na qual se estabeleceu que assuntos religiosos não podem ser da competência do Estado leigo. Ele sobrevive, portanto, nas rachaduras modernas entre a Igreja e o Estado, como viés epistemológico da questão política.

Cada modelo será exposto a partir da cosmovisão religiosa que o sustenta como concepção de fundo e do contexto político no qual se coloca a relação entre a Igreja e a sociedade de uma forma geral; será verificada, ainda, a fonte dos conteúdos a serem ministrados em sala de aula, o método adotado e as afinidades que mantém com determinadas correntes pedagógicas. Cada modelo expressa também um objetivo, revela os sujeitos responsáveis por sua gestão e execução e pode esconder certos riscos, como em toda prática educativa.

A prática real do ER oferece, por certo, quadros concretos que se compõem com os elementos apresentados como distintos nesses três modelos, tanto no aspecto do dinamismo real das práticas sempre híbridas, como no aspecto da mudança que, gradativamente, faz que um modelo novo preserve em si elementos do anterior. Nesse sentido, parece ser verdade que o modelo teológico mantenha elementos do catequético em sua estrutura e dinâmica, e também que os modelos existentes, firmados nas Ciências da Religião, ainda conservem aspectos teológicos ao afirmar, por exemplo, que o ER deve educar a religiosidade dos estudantes. Precisamente, pelo fato de tratar-se de um modelo novo e com pretensões de ruptura, em muitos casos ele será construído a partir de modelos anteriores e, ainda que parasitariamente, poderá depender deles para ser implantado institucionalmente. A adoção das Ciências da Religião como base epistemológica desse ensino não parece ser um processo simples de ser concretizado, tendo em vista as práticas já consolidadas e o jogo de interesses políticos das Igrejas em suas relações com as conjunturas governamentais concretas. As comunidades acadêmicas provavelmente serão o caminho para uma tal execução; delas é que virão as fundamentações teóricas e metodológicas para o ER, bem como o lançamento de experiências concretas em programas de formação de professores.

O modelo catequético

A prática catequética faz parte da vida das confissões religiosas quando elas se sustentam na transmissão de seus princípios de fé, de suas doutrinas e dogmas. A educação da fé, ainda que centrada, sobretudo, na vivência comunitária e, portanto, na aprendizagem pela via da experiência, possui um aspecto de conteúdo a ser transmitido, sem o que a identidade confessional se dissolve no fluxo da própria prática.

Ao longo da história do cristianismo, primeiro no âmbito católico e, posteriormente, no âmbito das Igrejas reformadas, a estratégia proselitista fez transcender para fora das comunidades religiosas suas catequeses. Na Idade Média, essa estratégia não se colocava como um problema, sendo que o regime da cristandade constituíra uma totalidade cultural sustentada de alto a baixo pelos princípios doutrinais cristãos. Essa totalidade catequizava por si mesma em suas produções culturais e os fiéis eram iniciados na fé por um processo de imersão. Com o advento da modernidade e, no seio de seu processo, da reforma protestante, a catequese vai adquirir cada vez mais um aspecto racional e apologético, como defesa da verdade, seja na luta entre as Igrejas cristãs, seja entre essas e a razão autônoma moderna que se expande e se afirma. Lutero vai publicar seu catecismo em 1529 e muitos catecismos vão surgir inspirados nas formulações do Concílio de Trento, como o de são Carlos Borromeu, em 1566, e o de são Roberto Belarmino, em 1597. Em todos os casos, a catequese era vista como instrução, como uma prática escolar voltada para a formação das idéias corretas, em oposição às idéias falsas.[4]

Essa concepção catequética será levada para dentro das escolas confessionais e públicas, servindo como motivação espiritual, como base teórica e como estratégia metodológica para o ER. Num passado não muito remoto, foi a principal base desse ensino. As orientações catequéticas católicas atuais fazem a distinção entre *catequese* e *ensino religioso*, vinculando a primeira à vivência comunitária da fé. Mesmo assim, a visão catequética, ainda hoje, sustenta, implícita ou explicitamente, muitas práticas patrocinadas pelas diversas Igrejas e pela própria Igreja Católica. A intencionalidade proselitista, ainda que disfarçada sob princípios humanistas, é que de fato efetiva essas práticas, o que torna inevitável a promiscuidade político-eclesial, ferindo, ao mesmo tempo, os princípios do ensino laico. No Brasil, tanto a exclusão do ER das escolas com a implantação da República e a Constituição de 1891, quanto sua inclusão nas diversas Constituições, a partir da década de 1930, fizeram que ele ficasse ligado intimamente com a confessionalidade. O caráter facultativo preservava sua ligação com as confessionalidades, garantindo, ao mesmo tempo, o direito à formação religiosa e a laicidade dos currículos escolares como um todo.[5] Essa ligação manteve uma continuidade entre as comunidades religiosas e as escolas e reproduziu no interior dessas as catequeses das Igrejas que conquistavam seus espaços dentro das escolas. Ainda que

---

[4] Cf. CNBB. *Catequese renovada*, Doc. 26, 8-13.
[5] Cf. FRANCA, L., op. cit., passim.

estejamos longe de uma legitimação dessa prática, o modelo catequético ainda subsiste em muitas práticas de ER e sustenta projetos advindos de Igrejas cristãs e evangélicas, como no caso do Estado do Rio de Janeiro, quando pela Lei n. 3.459/2000, do Deputado Carlos Dias, sancionada pelo governador Anthony Garotinho, em 14 de setembro de 2000, o ER confessional foi implantado nas escolas públicas do Estado, reproduzindo o antigo modelo da obrigatoriedade curricular e matrícula facultativa. Vejamos um outro fato mais recente. No jornal *O São Paulo*, de 12 de abril de 2006, encontramos a seguinte chamada: "A Pastoral Regional do Ensino Religioso realizará encontro anual de educador e agentes de pastoral educativos, visando à implantação e à dinamização do ensino religioso confessional católico nas escolas estaduais e municipais...".[6] Muito embora desconheçamos o contexto e os projetos concretos que geraram essa chamada, ela é, por si mesma, reprodutora da mentalidade catequética ativa e muitas vezes hegemônica do passado, mas que se mostra ainda em atividade em nossos dias; uma proposta que nos faz pensar em um eterno retorno da confessionalidade à escola pública.

O esquema a seguir sintetiza didaticamente alguns aspectos que caracterizam o modelo catequético em sua estruturação e operacionalização. Vamos adotá-lo para os demais modelos com a finalidade de favorecer uma visão sinótica e comparativa entre eles.

---

[6] *O São Paulo*. Semanário da Arquidiocese de São Paulo, ano 51, n. 2590, p. 5.

O MODELO CATEQUÉTICO	
Cosmovisão	unirreligiosa
Contexto político	aliança Igreja-Estado
Fonte	conteúdos doutrinais
Método	doutrinação
Afinidade	escola tradicional
Objetivo	expansão das Igrejas
Responsabilidade	confissões religiosas
Riscos	proselitismo e intolerância

O lugar vital desse modelo é a busca de hegemonia por parte das confissões religiosas na sociedade moderna, intentando reproduzir para seu externo os conteúdos e métodos de sua ação pedagógica interna. O modelo catequético de ER terá sempre uma territorialidade confessional subjacente, estando demarcado, portanto, por uma visão unirreligiosa, ou seja, pela visão que caracteriza a própria confissão que se expande. Trata-se de um modelo que pela sua impossibilidade de efetivar-se na conjuntura moderna em que a separação Igreja-Estado é inerente, só poderá existir por meio de um acordo entre esses poderes de modo a acomodar os seus valores fundantes, sem que se instaure a supremacia de um poder sobre o outro. A responsabilidade sobre os conteúdos dessa disciplina fica, obviamente, delegada à Igreja, sendo religião assunto de sua competência, aliás, já fixada em suas doutrinas. A pedagogia tradicional tece afinidades metodológicas com esse modelo, enquanto ensino de conteúdos prefixados mediante estratégias didáticas bancárias e posturas autoritárias. Esse modelo tem longa tradição no interior das Igrejas cristãs históricas e pode ser implantado com relativa facilidade nas escolas, contando, além do mais, com o *élan* evangelizador das Igrejas. O risco que ronda essa prática é do proselitismo e da intolerância religiosa, sobretudo em contextos de hegemonia católica como o nosso.

O modelo teológico

A denominação *teológico* é adotada porque se trata de uma concepção de ER que procura uma fundamentação para além da confessionalidade estrita, de forma a superar a prática catequética na busca de uma justificativa mais universal para a religião, enquanto dimensão do ser humano e como um valor a ser educado. A justificativa teológica do ER vem contextualizada e apoiada por uma cosmovisão religiosa moderna que supera a visão de cristandade e de expansão proselitista e empenha-se em oferecer um discurso religioso e pedagógico no diálogo com a sociedade e com as diversas confissões religiosas, mas, sobretudo, respaldando referências teóricas e metodológicas. É um modelo, nesse sentido, moderno, pois coloca as questões religiosas em discussão com as demais disciplinas das instituições de ensino e se esforça em promover o respeito e o diálogo entre as religiões, dentro de um horizonte de finalidades ecumênicas. A convicção de que a religião contribui de modo basilar com a formação integral do ser humano norteia esse modelo, muito embora permaneça, em muitos casos, conectado às crenças religiosas, ao menos enquanto agentes responsáveis pela sua efetivação dentro das escolas. Por isso mesmo, os riscos de continuidade do modelo catequético no bojo do discurso ecumênico ainda são reais. Cada religião, ao assumir a condução do ER, pode estender para dentro da escola suas comunidades confessionais e suas reproduções doutrinais.

Esse modelo moderno esteve presente nas escolas a partir do Concílio Vaticano II e recebe dele suas orientações principais, assim como das chamadas teologias modernas. O Concílio reafirma a missão da Igreja junto às escolas não católicas; fala da necessidade da formação espiritual de uma maneira adaptada e, apelando para o argumento da liberdade religiosa, chama as autoridades civis para o dever de promover a educação religiosa dos alunos, conforme os princípios morais e religiosos das famílias.[7] De fato, as razões do Concílio têm um embasamento teológico quando afirmam que a missão salvífica da Igreja inclui o cuidado com "toda a vida do homem", — vida terrena conexa com a vida celeste —, sendo a educação vista como um ato pautado nos fins últimos do ser humano e da sociedade.[8]

A teologia não configura, necessariamente, conteúdos confessionais nas programações de ER, mas age, sobretudo, como um pressuposto que sustenta a convicção dos agentes e a própria motivação da ação; a missão de educar é afirmada como um valor sustentado por uma visão transcendente do ser humano. A religiosidade é, portanto, uma dimensão humana a ser educada, o princípio fundante e o objetivo primordial do ER escolar. As reflexões pioneiras de Wolfgang Grüen na década de 1970 sistematizam em certa medida essas orientações, estabelecendo

---

[7] Cf. Declaração *Gravissimum educationis*, n. 7.
[8] Ibidem, n. 1.

um diálogo rico com a pedagogia e com o pluralismo moderno, muito embora, em parecer emitido ao Conselho Estadual de Educação de Minas Gerais, o teólogo já reivindique explicitamente as Ciências da Religião como base epistemológica para o ER.[9]

Os posicionamentos da CNBB referentes à educação em geral e, especificamente, ao ER, compõem as expressões mais fiéis dessa postura teológica, como é de esperar pela própria índole da entidade. Os seus documentos afirmam essa disciplina como um direito do cidadão que deve ser garantido pela escola pública, vincula sua condução às confissões, distingue-a da catequese e estabelece um fundamento antropológico e teológico para toda a ação pedagógica.[10]

> Toda a ação educativa se situa num contexto filosófico e de valores [...]. Toda proposta de educação é também uma proposta de valores, de um tipo de homem e de um tipo de sociedade [...] um processo de humanização, expressão de um projeto utópico, o homem novo e a nova sociedade, que impulsiona para a transformação do mundo de opressão.[11]

Esse tipo de pessoa a ser educada é marcado por uma dinâmica transcendente (superação dos limites e condicionamentos materiais e busca de um sentido para a existência), de superação de si mesma e de uma abertura para o Ser Supremo.[12]

---

[9] GRÜEN, W., op. cit., p. 96.
[10] Sobre o ER nos Documentos da CNBB, vale conferir o estudo de CÂNDIDO, V. C., *O ensino religioso em suas fontes*, pp. 7-27.
[11] Estudos da CNBB n. 41. *Para uma pastoral da educação*, p. 19.
[12] CNBB. *Educação, igreja e sociedade*, Doc. 47, n. 66.

O ER fica também situado numa perspectiva nitidamente eclesial — como "exigência evangélica" de uma sociedade justa que supere modelos educacionais redutivos em função de uma educação libertadora —, ao afirmar como uma tarefa da Igreja a formação dos professores e ao indicar que deve encaminhar a pessoa para a comunidade de fé.[13] A educação assenta-se sobre pressupostos e valores que incluem a dimensão religiosa do ser humano, enquanto o ER fica posto como um meio de educação da religiosidade em si mesma, finalidade que permite chegar a uma visão integral do ser humano e a fundamentar sua atuação ética na história. Em suma, o sujeito ético pressupõe o sujeito religioso. Esse modelo parece concretizar perfeitamente a idéia de educação religiosa ou da religiosidade dos sujeitos como uma necessidade para a formação geral escolar.

O MODELO TEOLÓGICO	
Cosmovisão	plurirreligiosa
Contexto político	sociedade secularizada
Fonte	antropologia, teologia do pluralismo
Método	indução
Afinidade	escola nova
Objetivo	formação religiosa dos cidadãos
Responsabilidade	confissões religiosas
Riscos	catequese disfarçada

---

[13] Ibidem, n. 107.

Este modelo tem o mérito de superar uma visão unirreligiosa e pautar-se pelo diálogo entre as confissões religiosas presentes nas escolas. Entendemos que ele orientou muitas práticas de ER em afinidade com as filosofias de ensino e com os métodos pedagógicos modernos centrados no educando. Sustenta-se na idéia da educação da religiosidade como um valor antropológico, sendo que a dimensão transcendente marca o ser humano na sua profundidade, independentemente de sua confissão explícita de fé. Mesmo embasado nessa antropologia e na convicção do respeito às diversidades, o risco desse modelo afigura ser o de uma catequização disfarçada, não tanto pelos seus conteúdos, mas pela responsabilidade ainda delegada às confissões religiosas. Salvo as diversidades sempre inerentes às práticas concretas de ER, esse parece ter sido o modelo predominante em grande parte do território nacional até nossos dias, contando com a participação direta de setores avançados das Igrejas históricas e, de modo particular, da Igreja Católica. Embora tenha convivido muitas vezes com métodos confessionais, tem o mérito de demarcar sua distinção da catequese e de afirmar o direito à pluralidade religiosa, bem como o valor do diálogo inter-religioso e da prática ecumênica no processo educativo.

O modelo das Ciências da Religião

Este terceiro modelo rompe com os dois anteriores em nome da autonomia epistemológica e pedagógica do ER — autonomia localizada no âmbito da comunidade científica, dos sistemas de ensino e da própria escola. Trata-se do modelo mais ideal, pouco explicitado, embora embutido em muitas recomendações mais atuais de fundamentação desse ensino, como no caso da proposta do Fonaper. Em suma, consiste em tirar as decorrências legais, teóricas e pedagógicas da afirmação do ER como área de conhecimento. Não se trata de afirmar o direito do cidadão em obter, com o apoio do Estado, uma educação religiosa, uma vez que ele confessa uma fé (pressuposto político de tal ensino); nem mesmo de afirmar o propósito da religiosidade que, por ser inerente ao ser humano, deve ser aperfeiçoada no ato educativo; ou ainda, de postular a dimensão religiosa como um fundamento último dos valores que direcionam a educação. Trata-se de reconhecer, sim, a religiosidade e a religião como dados antropológicos e socioculturais que devem ser abordados no conjunto das demais disciplinas escolares por razões cognitivas e pedagógicas. O conhecimento da religião faz parte da educação geral e contribui com a formação completa do cidadão, devendo, assim, estar sob responsabilidade dos sistemas de ensino e submetido às mesmas exigências das demais áreas do saber que compõem os currículos escolares. As Ciências da Religião podem oferecer base teórica e metodológica para a abordagem da dimensão religiosa em seus diversos aspectos e manifestações, articulando-a de forma integrada com a discussão sobre a educação. A educação geral, fundada em conhecimentos científicos e em valores, assume o preceito religioso como um elemento comum às demais áreas que fazem parte dos currículos e como um dado histórico-cultural fundamental para as finalidades éticas inerentes à ação educacional. Portanto, nesse modelo não se afirma o ensino da religião como uma atividade cientificamente neutra, mas, com clara intencionalidade educativa, postula-se a importância do conhecimento da religião para a vida ética e social dos educandos. As religiões particulares são transcendidas, na procura por uma visão ampla capaz de abarcar as diversidades e, ao mesmo tempo, captar a singularidade que caracteriza o fenômeno enquanto tal. Nesse sentido, trata-se de uma visão transreligiosa que pode sintonizar-se com a visão epistemológica atual, sendo que busca superar a fragmentação do conhecimento posta pelas diversas ciências com suas especializações e alcançar horizontes de visão mais amplos sobre o ser humano.

O MODELO DAS CIÊNCIAS DA RELIGIÃO	
Cosmovisão	transreligiosa
Contexto político	sociedade secularizada
Fonte	Ciências da Religião
Método	indução
Afinidade	epistemologia atual
Objetivo	educação do cidadão
Responsabilidade	comunidade científica e do Estado
Riscos	neutralidade científica

Os dois primeiros modelos assumem como meta do ER, no âmbito religioso do ser humano: o primeiro como confissão de fé a ser aprimorada catequeticamente, e o segundo como dimensão antropológica a ser aprimorada pela educação religiosa. Não se trata de negar a realidade e a validade dessas metas no processo educativo, mesmo dentro da escola. Por princípio e método, a educação não dispensa nenhum dado que faça parte da vida individual e social dos educandos; ao contrário, inclui esses mesmos dados em suas atividades pedagógicas a fim de decodificá-los a partir dos referenciais das ciências. A educação da religiosidade pode ser não mais que um pressuposto secundário, decorrente do objeto pedagógico, uma vez que o fiel já educado pressupõe uma educação geral que lhe forneça habilidades de conhecimento de si mesmo e de seu entorno. A tarefa desalienadora da educação presta, nesse sentido, um serviço à educação da religiosidade dos indivíduos, mesmo sendo essa uma escolha íntima de seu ser. Contudo, diferentemente, o modelo das Ciências da Religião toma como pressuposto do ER a educação do cidadão. O estudo da religião na mesma seqüência e intensidade das demais disciplinas visa à educação dos sujeitos a fim de que vivam responsavelmente em sociedade.

Enquanto modelos, eles poderão, em princípio, coexistir com práticas concretas de ER, assim como conflitar um com o outro, exatamente por expressarem concepções diferentes e agregarem sujeitos com interesses igualmente diferentes. Como pudemos observar nos gráficos anteriores, os sujeitos responsáveis mudam nitidamente de um modelo para outro, o que provoca deslocamentos de poder e instaura campos de força no momento das opções e efetivações. Esta é a tarefa política decorrente da proposta aqui apresentada: despolitizar o ER no sentido de retirá-lo do campo de negociação das confissões religiosas e do Estado.

Vamos verificar a seguir as questões envolvidas diretamente na efetivação do último modelo. O ER assim pensado tem raízes históricas e arranjos políticos consolidados a serem superados e se apresenta como uma tarefa complexa de construção que envolve múltiplos sujeitos e discussões teóricas.

QUESTÕES

1) Faça uma leitura comparativa das tabelas que resumem cada um dos modelos.
2) Compare os modelos apresentados com as práticas de ER já instituídas.
3) Pense em alguns outros modelos de ER conhecidos mediante leituras ou na prática.

BIBLIOGRAFIA SUGERIDA

CNBB. *Educação, igreja e sociedade*, Doc. 47. São Paulo, Paulinas, 1992.
FONAPER. *Parâmetros Curriculares Nacionais*; ensino religioso. São Paulo, Ave Maria, 1997.

III
CIÊNCIAS DA RELIGIÃO E ENSINO RELIGIOSO

OBJETIVOS

- Apresentar o nexo entre o estudo da religião do ponto de vista científico e o ER.
- Mostrar o fundo político da defasagem do estudo e do ensino da religião na história do Brasil.

SUBSÍDIOS PARA APROFUNDAMENTO

Os desafios apontados para o ER têm relação direta com o estado dos estudos da religião ou das Ciências da Religião em nosso país. Temos postulado que o primeiro é variável e dependente do segundo. Em outras palavras, sem uma base epistemológica não há, a rigor, o que ensinar em termos de área de conhecimento. A vala histórica comum dessa problemática é o lento desenvolvimento do ensino superior no Brasil e a ausência dos estudos de religião no âmbito da comunidade científica, tardiamente constituída em nossas instituições acadêmicas. A introdução do ER nas escolas, em suas diversas fases, não pôde contar com nenhum fundamento epistemológico que garantisse autonomia à abordagem da religião, de forma a estabelecer uma dialética recíproca com as demais áreas de conhecimento que compõem os currículos escolares. Como já afirmamos, o ER escolar é uma questão de educação para a cidadania plena; sustenta-se sobre pressupostos educacionais e não sobre argumentações religiosas, ainda que a religiosidade possa ser um valor, aliás, um valor que deve ser educado para que possa contribuir com a vida pessoal e social.

O fundo político da problemática epistemológica

A temática da religião situa-se dentro de um campo de forças solidificadas cultural e politicamente e instituídas em formatos tradicionais de organização social que dificultam a construção do novo, seja como reflexão, seja como proposta de mudança institucional. As religiões, por natureza preservadoras de suas tradições fundantes, compõem seus dogmas que têm por função codificar a doutrina em fórmulas um tanto fixas, quase sempre traduzidas pedagogicamente em métodos autoritários de comunicação. A sua força de inércia dificulta novas abordagens sobre a questão religiosa, o que se agrava colossalmente em situações em que uma tradição religiosa se torna hegemônica. A família, via de regra, herdeira e reprodutora dessas tradições, defende seus princípios e quer vê-los reafirmados pela instituição escolar escolhida para educar seus filhos. O Estado, por sua vez, edifica suas instituições sobre princípios modernos, de modo que os sistemas de ensino reproduzem esses princípios no momento da legalização e gestão da educação de um modo geral, consolidando posturas, sujeitos e processos. Tais princípios estão, em suma, radicados sobre a liberdade religiosa e a laicidade do ensino, sendo que a religião fica restrita à esfera da vida individual, e as Igrejas, separadas da coisa pública. A religião é, portanto, assunto de foro íntimo cuja administração de seus conteúdos e expressões compete tão-somente às Igrejas.

Essa concepção organizou o Estado e a sociedade modernos em suas estruturações e dinâmicas. Ela porta, com certeza, elementos salutares no que se refere à convivência da sociedade plural dentro dos valores da liberdade de pensamento e de expressão e garantia de justiça eqüitativa para todos os cidadãos. No entanto, apresenta ambigüidades quando entra na esfera da pesquisa e do ensino; esferas em que nenhum objeto pode, *a priori*, ser excluído, sob pena de preconceito e impedimento da liberdade de investigação. O ER está situado dentro desse quadro político mais amplo e fundamental e tem padecido de suas ambigüidades desde a sua criação, configurando uma concepção que subsistiu, substancialmente, às diversas mudanças de legislação ocorridas ao longo da história:

a) A religião está ligada à liberdade individual e, portanto, o ER é de matrícula facultativa para o aluno e não é considerado matéria obrigatória.

b) O ER é assunto de responsabilidade das Igrejas e são elas que devem, pois, cuidar dos professores que se responsabilizarão por tal ensino dentro da escola.

Em síntese, trata-se de uma temática estranha ao currículo escolar, exceção entre as demais áreas de conhecimento, e sobre a qual os sistemas de ensino não se responsabilizam de pleno direito como no caso das demais ciências/matérias ensinadas nas escolas.

As legislações compõem uma história que expressa a estagnação do ER como área de conhecimento no âmbito da Ciência-Estado moderno com suas instituições. A legitimação e legislação de tal área por parte dos órgãos responsáveis do Estado têm, naturalmente, força e limite em seus mecanismos de supervisão e controle. Esses órgãos exercem efetivamente controle sobre as instituições de ensino superior quando definem as áreas de conhecimento e suas respectivas nomenclaturas, assim como ao autorizarem e reconhecerem os cursos superiores. Em muitos casos, pode haver, de fato, uma vigilância cognitiva sobre a produção de saber nas academias que impede a geração do novo. Por outro lado, são as próprias universidades que, além de fornecerem os quadros profissionais para os órgãos do Ministério da Educação, produzem os novos campos de estudo e novos cursos superiores, respondendo aos avanços do conhecimento e às demandas da sociedade que evolui e se complexifica em suas instituições e serviços. Pesa, portanto, sobre as universidades, naquelas em vanguarda na pesquisa, a proposição fundamentada, coerente e viável de novos cursos que venham oferecer à sociedade programas de qualificação profissional bem fundamentados e atualizados. O ER só poderá adquirir cidadania epistemológica e política a partir desse caminho que se inicia na comunidade acadêmica. Como ocorre com os demais campos de estudo, a universidade é o útero natural onde ele poderá ser gestado e ganhar maturidade espistêmica, pedagógica e política; do contrário ficará preso e estagnado em arranjos politicamente interessantes para os poderes civil e religioso.

As defasagens históricas do estudo da religião no Brasil

O estudo da religião ficou retirado das preocupações do Estado moderno brasileiro, como bem conhecemos pela sua própria base positivista. Não precisamos recordar os princípios dessa corrente político-científica que deu forma metodológica e viabilidade política aos antigos princípios iluministas que, em sua fase de maturidade, já tinham posto a religião no rol das questões a serem superadas por se tratar de uma herança da cristandade e de seus sustentáculos institucionais católicos. Enquanto na Europa as instituições de ensino já haviam consolidado faculdades destinadas ao estudo da teologia desde a origem das universidades, no Brasil, não obstante a longa história do Regime do Padroado, o estudo da religião ficou restrito aos muros eclesiásticos, uma vez que a universidade só veio a se concretizar quase trinta anos após a implantação da República.

A fragilidade do aparelho eclesiástico como um todo parece ter contribuído com o enfraquecimento das instituições educacionais. A Igreja, mantida sob a responsabilidade do Estado e à mercê de suas benevolências econômicas e políticas, não pôde afirmar-se em suas instituições de ensino superiores, mesmo que na condição de reprodutora fiel da escolástica européia. Algumas ordens religiosas mantiveram escolas de filosofia e teologia nos conventos, como nos casos de Olinda e Rio de Janeiro, e algumas dioceses conservaram seus seminários maiores, destinados, igualmente, à formação superior de seus cleros. Desse modo, o que houve de estudos relacionados à religião ao longo de todo o período colonial, imperial e mesmo na primeira metade do século passado deveu-se às iniciativas eclesiásticas, estando esses estudos ligados tão-somente aos objetivos internos destas últimas. Méritos à parte, esses cursos não fizeram mais que repetir, em terras brasileiras, os conteúdos e métodos da tradição escolástica, constituída e amadurecida na Europa. Essa endogenia eclesiástica dos estudos da religião preparou, sem que soubesse, o terreno para a chegada do Estado republicano, que afirmou igualmente a responsabilidade das confissões religiosas pelos estudos de suas tradições.

Portanto, as instituições educacionais brasileiras, tão tardiamente organizadas e solidificadas, reproduziram de modo emblemático essa orientação, tendo a seu favor a histórica ausência de instituições dedicadas a estudos religiosos ou congêneres. Com a implantação da República, não contávamos, portanto, com organizações de ensino sólidas que tivessem acumulado qualquer tradição de pesquisa e ensino no campo da religião, de modo que as políticas educacionais republicanas implantaram suas orientações sem maiores problemas, apesar do *jus esperneandi* da Igreja Católica, recém-saída do casulo do padroado.[1]

Esse contexto político foi, sem dúvida, um fator determinante na afirmação e viabilização dos estudos de religião dentro das instituições acadêmicas brasileiras, que permanecerá como uma

---

[1] Cf. Passos, J. D. A legitimidade da teologia na Universidade: do político ao acadêmico. In: *Estudos de religião* 27, pp. 118-136.

questão *ad intra* às Igrejas, sem cidadania científica e, portanto, sem legitimidade na comunidade científica e nos sistemas de ensino. O ER, mesmo presente nas diversas Constituições, não pôde contar com uma base teórica e metodológica que lhe permitisse gozar de plena cidadania curricular no âmbito das escolas.

O quadro atual do ER é herdeiro dessa defasagem histórica. Sua consolidação plena passa pelo enfrentamento concomitante do epistemológico e do político, por certo em fases e em frentes a serem planejadas estratégica e gradativamente pelos sujeitos que assumem a causa, mas, sobretudo, pelos sujeitos responsáveis nos âmbitos acadêmico e governamental. A solução puramente legal já demonstrou sua incapacidade em superar as contradições e implantar o *inédito viável*, para utilizar a bela expressão de Paulo Freire. A concepção de ER até agora predominante, não obstante as inúmeras reflexões produzidas, está sempre circunscrita a um campo de forças divergentes e de efeitos inertes e, ao mesmo tempo, já conta com uma boa fundamentação que permite avançar na direção que estamos propondo. Há que se evitar, com certeza, qualquer plano linear. Com efeito, um primeiro passo fundamental a ser dado é a formação de docentes dentro de um quadro epistemológico definido e consistente. Esse ponto será abordado no último item desta reflexão.

O estudo e o ensino da religião

Vale reafirmar que, ao postularmos uma base epistemológica para o ER, em termos de Ciências da Religião, estamos, antes de tudo, falando da importância humana dessa abordagem: como dimensão do ser humano, filosoficamente compreendido como aberto ao transcendente, e também do ser humano na qualidade de sujeito culturalmente situado dentro de referências religiosas, informado de múltiplas maneiras sobre elas e, muitas vezes, agindo deliberadamente a partir delas. Não se trata de buscar, prioritariamente, um fundamento último para a ação pedagógica que, em última instância, pretende formar o educando dentro de determinados valores, mas de introduzir no universo dos objetos abordados na escola a religiosidade e a religião e, até mesmo, as explicitações de fé. A meta deverá ser antes de tudo o valor teórico, social, político e pedagógico do estudo da religião para a formação do cidadão. Estamos insistindo na necessidade de se distinguir entre *educação da religiosidade* e *educação do cidadão*, incluindo nesta última a dimensão religiosa, enquanto algo presente no indivíduo e na sociedade. Não se exigem, no caso, o pressuposto da opção religiosa e a adesão ao seu aprimoramento e, nem mesmo, o aperfeiçoamento da religiosidade como uma finalidade imediata; não há o que aprimorar em termos de religiosidade, mas, sim, de cidadania e humanização do estudante. O conhecimento da religiosidade e da religião faz parte do processo educacional, assim como o conhecimento da matemática, da história, da política etc. A religião não é assunto tão-somente do indivíduo que crê e milita em alguma Igreja, ou apenas das instituições confessionais; ela é um fato antropológico e social que perpassa de maneira ativa todos os âmbitos da vida dos cidadãos que compõem o Estado plural e laico. Eis a razão fundamental de seu estudo nas escolas. Portanto, a discussão do

ER não se inscreve, fundamentalmente, na esfera do debate sobre o direito ou não à religiosidade, mas do direito à educação de qualidade que prepare o cidadão para visões e opções conscientes e críticas em seus tempos e espaços.[2]

Com efeito, o conhecimento, do ponto de vista pedagógico, destina-se à formação do sujeito, o que faz com que o ato de ensinar e aprender se torne carregado de valores e finalidades que vão além da mera informação e da reprodução dos resultados alcançados pela ciência. Ainda que essa postura seja omitida da ação pedagógica, ela permaneceria factual, uma vez que o conhecimento e, de modo inequívoco, o conhecimento moderno, carrega em sua dinâmica interna uma transitividade práxica nos aspectos econômico (inserção no mercado de trabalho) sociopolítico (como via de ascensão social), cultural (elitização intelectual) e tecnológico (como instrumentalização para a intervenção na realidade). Não há como postular neutralidade para o ensino escolar em qualquer de seus níveis; ao contrário, ele conduz à ação e ao engajamento que ocorrem num fluxo de valorações e opções que envolvem o indivíduo e a sociedade. As perguntas sobre *o quê* e *como ensinar* são seguidas de *para que ensinar* no conjunto da ação pedagógica.

Se é verdade que o conhecimento é um valor em si mesmo, conforme compreendiam os clássicos, ou que a luz da ciência pode libertar o ser humano, segundo os cânones modernos, também as ciências ensinadas nas escolas são humanizadoras por si mesmas, tendo em vista que trabalham o potencial cognitivo dos

---

[2] Cf. PINTO, P. M. *Para uma ciência das religiões em Portugal*, pp. 18; 44-45.

estudantes, ampliam suas visões de realidade e enriquecem seus esquemas de ação. De fato, o conhecer deseja conduzir ao saber e esse, por sua vez, ao bem viver. Essa proposição é ainda válida para todas as orientações pedagógicas subjacentes aos projetos das instituições de ensino, ainda que não de forma explícita.

Desse modo, podemos dizer que a pedagogia tem o mérito e a tarefa de estabelecer um elo, implícito ou explícito, entre o conhecimento puro e sua função formativa; entre os meios metodológicos e as finalidades éticas; em termos medievais, entre a verdade e a bondade; ou, ainda, em termos filosóficos e teológicos, entre os meios e os fins. Além disso, as disciplinas têm uma intencionalidade que vai além de suas teorias. O ensino da história não visa tão-somente produzir uma consciência do passado, mas uma postura no presente; a biologia vai além da explicitação da lógica interna da vida e chama para um compromisso com a mesma; a matemática, com suas inúmeras fórmulas e exercícios, pretende habilitar o raciocínio para melhor discernir a realidade, e assim por diante. Nesse sentido, não caberia ao próprio ER qualquer exceção. Ensina-se religião para se ter maior consciência de seu significado na vida do indivíduo e, também, de sua função na sociedade. Discernir o dado religioso e assumir posturas cidadãs perante suas manifestações e relações com as diversas dimensões da vida humana é uma habilidade essencial para a educação de indivíduos oriundos de qualquer credo, ou mesmo sem nenhum credo. No mundo globalizado, as diferenças culturais e religiosas misturam-se e confrontam-se de maneira direta ou virtual – de ambas as formas reais – na vida cotidiana e desafiam os cidadãos a terem sobre elas uma visão e uma postura.

Visão crítica, tolerância e relacionamento com as alteridades, hoje tão efervescentes, são pautas atuais indispensáveis da educação para a plena cidadania. Edgar Morin confirma essas finalidades éticas da educação e afirma tratar-se de uma tarefa para a construção do futuro que seja capaz de rever os erros do passado. É preciso rever as cegueiras do próprio conhecimento moderno fragmentado e absolutizado, resgatar uma visão global do ser humano inserido na natureza e na sociedade e preparar as gerações para a sobrevivência e convivência planetária. As propostas de Morin, elaboradas como resposta à solicitação da Organização das Nações Unidas para a Educação, a Ciência e a Cultura (Unesco), embora não explicitem a necessidade da educação religiosa, lançam uma pauta surpreendentemente adequada às razões e urgências do ER escolar como meio de religação dos saberes, de respeito às alteridades, de visão global da pessoa humana como ser intimamente relacionado com os outros e com a natureza.[3]

Por fim, o estudo da religião poderá, também, contribuir com o discernimento e aperfeiçoamento da religiosidade dos próprios estudantes, sem que tenha isso como um pressuposto necessário, como no caso do modelo teológico, o que será benéfico para as próprias confissões religiosas. Uma educação que cumpra seu papel de educar o ser humano em sua totalidade ajudará, inevitavelmente, na educação de sua dimensão religiosa. Aprofundaremos essa questão no próximo capítulo.

---

[3] Cf. MORIN, Edgar. *Os sete saberes necessários à educação do futuro*, passim.

QUESTÕES

1) Relacione os modelos apresentados no capítulo anterior com os dois primeiros itens deste capítulo.
2) Qual a relação entre o estudo e o ensino da religião?
3) Como o ER pode contribuir para a educação do cidadão, independentemente de seu credo?

BIBLIOGRAFIA SUGERIDA

MORIN, Edgar. *Os sete saberes necessários à construção do futuro*. São Paulo, Cortez, 2003.

KÜNG, Hans. *Projeto de ética mundial*. São Paulo, Paulinas, 1992.

Segunda parte

ENSINO RELIGIOSO: MEDIAÇÕES EPISTEMOLÓGICAS E FINALIDADES PEDAGÓGICAS

O ENSINO RELIGIOSO É NECESSÁRIO?

OBJETIVOS

- Localizar o ER na história como fato e como problemática.
- Mostrar a relevância social da religião como um fundamento para o ER.
- Traçar as linhas principais que justificam a presença do ER como disciplina regular nos currículos escolares.

SUBSÍDIOS PARA APROFUNDAMENTO

Essa pergunta demarca, naturalmente, as opiniões sobre o assunto, colocando na mesma arena questões de natureza política, ideológica e mesmo teórica; questões que persistem no interior das buscas e das saídas propostas nesta pequena obra. Como vimos, em termos legais, o ER é legislado como "parte integrante da formação do cidadão", conforme o artigo 33 da LDB. A sua necessidade está diretamente vinculada à necessidade da religião para a sociedade como um todo, se é que podemos falar em necessidade, senão, antes de tudo, em factualidade da religião, ou em funções sociais da religião. De fato, a presença das religiões na sociedade atual, ainda que refeita em muitos aspectos, aponta para uma dimensão fundamental da cultura que tem a capacidade de justificar ações de indivíduos, grupos e poderes com uma autoridade sem par: em nome de Deus e da salvação do ser humano.

Nesse sentido, a própria educação religiosa adquire relevância no conjunto das demais disciplinas que compõem os currículos escolares; ainda que fosse para negá-la ou enfraquecer sua força social e política dentro da sociedade, soaria mais lógico que o Estado tivesse interesse em chamá-la para si na sua tarefa de educar os cidadãos. No entanto, ele parece não entrar no mérito da questão e restringir-se ao princípio da liberdade religiosa de seus membros e, portanto, delegá-la às confissões. A necessidade do ER, prescindida pelo Estado e afirmada pelas confissões, faz parte da era moderna e tomou formas jurídicas e práticas nos dois últimos séculos. No ensino escolar, essa necessidade está ligada à relevância histórica da religião, como dimensão antropológica e subsistema sociocultural.

A presença histórica do Ensino Religioso

O ER é anterior à própria escola. A rigor, tem a idade das religiões, quando fez parte daquele núcleo de representações simbólicas propagadas pelas gerações, antes mesmo que as sociedades civilizadas se estabelecessem com suas instituições, até mesmo a escolar. A transmissão da tradição e, no seu bojo, dos valores e crenças, produziu métodos de ensino, relações assimétricas de saber e conteúdos mais ou menos fixos, cuja função era instruir as gerações sobre as verdades referentes à existência do mundo e do ser humano. Os mitos e, por conseqüência, as ações rituais formaram os códigos mais elementares difundidos pelas culturas a seus membros de um modo geral e, de maneira um tanto específica, às suas gerações jovens. Em todos os casos, há um saber a ser transmitido como explicação da realidade ou como solução de problemas concretos que afligem a existência. A figura do sábio e mesmo do feiticeiro guarda certos conhecimentos reproduzidos aos membros do grupo, sendo que as condições de mestre e iniciado já aparecem nas tradições mais antigas como uma diferenciação social elementar, desencadeando processos rituais e pedagógicos de ensino-aprendizagem. É possível, portanto, já percebermos, nesse processo de reprodução do saber, sujeitos, objetos, métodos e resultados específicos. A tarefa de perpetuar a tradição às gerações é, quase sempre, atribuída ao ancião, detentor privilegiado dos conhecimentos advindos das origens – *in illo tempore* – que garantem a ordem do grupo e do próprio mundo. O ensino tem, portanto, uma função integradora para o grupo com seus membros e com a própria natureza. Ensinar e aprender é uma atividade prática que visa conservar os fundamentos do mundo e do grupo.

As primeiras escolas vão sendo constituídas como locais de catalogação e difusão das tradições dos povos, uma vez que a escrita passa a fazer parte das sociedades, assim como os conhecimentos mais rudimentares dos números. A sistematização das tradições foi o primeiro esforço de superar a sua mera repetição inserindo nelas elementos ordenadores, portanto, princípios lógicos. A teologia, na sua acepção mais original, teve esse significado de interpretação e sistematização dos antigos mitos por parte dos poetas gregos. Mas as escolas filosóficas é que terão, naturalmente, um papel importante nessa história, já que abrem espaço para um processo dialético que opera simultaneamente com a transmissão e a ruptura com as tradições até então imitadas. De fato, elas se afirmam quando os primeiros filósofos são capazes de opor-se aos conhecimentos já estabelecidos e apresentar uma explicação convincente e original, antes de tudo, sobre o universo. Conhecer é necessário e possível, eis o grande saldo dessas escolas que lançaram as bases para a história do pensamento e das ciências posteriormente desenvolvidas.

As religiões estiveram presentes nessa dança histórica e, em certos casos, como um elemento conflituoso. Por um lado, parece certo que elas forneceram categorias e matrizes que serão buriladas racionalmente e, portanto, traduzidas para um sistema racional, ou seja, formaram uma primeira base do conhecimento, capaz de ordenar, sobretudo, o universo, mas também de explicar o próprio conhecimento. A busca de categorias universais, aptas a explicarem o universo e o ser humano, não só traduziram elementos religiosos em elementos racionais, como introduziram rupturas metodológicas na atividade de investigação e ensino, centrando, então, este último na autonomia da razão capaz de conhecer e transmitir, para além dos dogmas sociais e religiosos. A morte de Sócrates parece encenar dramaticamente essa ruptura em favor da razão. O ensino fica, a partir das escolas filosóficas, intimamente ligado à investigação racional, sendo seu compromisso fundante levar a verdade, de onde advém sua justificativa, bem como sua possibilidade de superação e mudança.

Ao cristianismo primitivo coube a vinculação entre a difusão da tradição – no caso, a judeu-cristã – e sua justificação racional, instituindo para os séculos posteriores a dialética entre fé e razão. As escolas cristãs se preocupam em ensinar sua tradição e, para tanto, fornecem os instrumentos básicos da instrução da linguagem e dos números. As sete artes liberais, cujo currículo advinha da Antigüidade clássica, estarão dentro desse quadro desde o final da época antiga, atravessando a Idade Média.

Nesse contexto de cristandade, o ER, por um lado, identificava-se com a catequese cristã, enquanto repetia seus princípios e conteúdos e, por outro, distinguia-se dela, na medida em que as escolas se destinavam a formar prioritariamente cidadãos para aquela sociedade, incluindo, portanto, no ensino os conhecimentos básicos para a convivência civilizada. O ensino reproduzia, obviamente, em seus currículos a fusão das sociedades eclesiástica e civil, compondo-se de conteúdos da tradição da fé, os rudimentos da doutrina cristã, e da tradição cultural, o letramento básico do cidadão. Nesse sentido, as próprias universidades, emergidas como fruto maduro das escolas anteriores, vão estruturar-se sobre essa fusão epistemológica que solidificou o edifício racional fé-razão. O ensino das ciências não só convive com as grandes questões teológicas advindas da teologia clássica, como está assentado sobre princípios metafísicos já teologizados tanto pelo cristianismo como pelo islamismo e judaísmo. A Idéia, o Uno, o Absoluto, o Ser, heranças bem assentadas da filosofia platônica e aristotélica, são centros fixos sobre os quais gravitam todas as investidas da razão e suas elaborações. As ciências ensinadas nas faculdades formam esse edifício de base metafísico-teológica. Vale ressaltar que essa naturalidade racional de Deus vai chegar até a filosofia e as ciências modernas e só sairá de cena a partir da crítica kantiana, no século XVIII.

Contudo, já antes de Kant, o ensino religioso escolar sofrera o golpe da sociedade que começava a secularizar-se, baseada na idéia iluminista de autonomia da razão e de estado leigo. Rousseau, por exemplo, nega que se deva educar a criança para a vida religiosa. Isso significaria uma interferência em sua natureza original e imatura para elaborar as idéias religiosas. A educação religiosa só teria sentido quando o indivíduo tivesse condições racionais de colocar a pergunta sobre Deus.[1]

A modernidade configurou um quadro que por certo mereceria uma análise detalhada de seu desenvolvimento a partir de seus teóricos e de suas práticas pedagógicas.[2] Embora vários pensadores modernos admitam a importância da religião na sociedade como mecanismo de controle social, o ER ocupou um lugar instável nos sistemas de ensino. *A religião civil* de Rousseau e o *Catecismo positivista* de Augusto Comte são esforços por substituir as religiões tradicionais por expressões secularizadas que pudessem exercer aquela mesma função de fundamento e controle social, agora sem o poder dos eclesiásticos, por princípio, desvinculados do Estado.

---

[1] Cf. METTE, N. *Pedagogia da religião*, pp. 94-96.
[2] Cf. CAMBI, F. *História da pedagogia*, pp. 300-308.

O problema histórico do Ensino Religioso

A problemática do ER escolar tem a modernidade como marco político e epistemológico. Como vimos, até os tempos modernos, ele possuía uma posição segura dentre os demais conhecimentos e um lugar institucional dentro das escolas. Esse amparo teórico e político contou, obviamente, com o regime da cristandade, não só pela força de seu aparelho político, mas também pela sua cultura cristã, vivenciada de modo homogêneo, ao menos pelas principais instituições sociais.

Em termos religiosos, a modernidade significou uma ruptura gradativa com a centralidade social, política e cultural da religião, ainda que não tenha sido esse um processo culturalmente hegemônico no tempo e no espaço. A separação dos poderes civil e religioso foi a culminância política de uma cultura que se foi fortalecendo sempre mais sobre as bases da autonomia de significados e valores de um projeto que se universaliza pelos caminhos econômicos e científicos, ou seja, como domínio técnico e exploração da natureza. A religião, de modo particular o cristianismo no caso do Ocidente, ficou de fora do código moderno de interpretação da natureza e da história e também de suas regras de organização social e política. Um ciclo hermenêutico racionalizador foi sendo consolidado entre o político e o científico: a ciência moderna fornecia a base para a constituição do Estado moderno e de suas instituições, e o Estado, por sua vez, para o desenvolvimento e reprodução das ciências e de suas instituições. Desse modo, a religião acabou significando, do ponto de vista da razão, a sobrevivência de códigos do passado e, do ponto de vista político, uma instituição distinta do Estado, sendo a responsável única pela administração de seus significados e tradições no interior de suas comunidades. Essa separação, independentemente de sua coerência política, não pôde, é claro, configurar-se de maneira homogênea e, muito menos, de maneira linear, muito embora tenha conquistado cada vez mais legitimidade social e cultural na medida em que as instituições modernas se implantaram. De fato, as instituições religiosas, seja resistindo, seja negociando com o processo racionalizador moderno, não só sobreviveram com suas tradições dentro desse ambiente, como também produziram novas formas de interpretação da realidade ou novas formas de associação religiosa. O cenário da relação entre a racionalidade moderna e a religiosa possui, portanto, muitas e variáveis configurações, sendo que, em muitos casos, as instituições religiosas – caso da Igreja Católica na América Latina – mantiveram sua hegemonia política em plena sociedade moderna e, quase sempre, permaneceram como uma fonte principal de referências interpretativas da realidade para a grande maioria da população.

Contudo, em termos científicos, a religião parece ter ocupado os seguintes lugares:

a) *como assunto do passado, cientificamente superado e sem espaço na comunidade científica e, portanto, restrito às agremiações confessionais.* A chamada comunidade científica, com suas instituições de produção e divulgação de conhecimento, representa o principal segmento dessa tendência;
b) *como um dado cientificamente provado que, mesmo tendo sido rechaçado do âmbito das ciências, tem condição de justificar-se cientificamente.*

Essa tendência apologética significou o esforço de adaptação dos significados religiosos dentro dos parâmetros epistemológicos modernos; ela pode ser detectada nos princípios kardecistas que denominam o espiritismo como ciência, ou em tendências atuais da parapsicologia e das ciências esotéricas;

c) *como um tema de estudo passível de análise enquanto dado antropológico, sociológico ou psicológico.* Esse é o lugar da religião dentro das chamadas ciências modernas. Torna-se uma matéria de estudo como qualquer outro objeto humano, porém, dentro dos limites cognitivos e metodológicos da razão científica. É encarada como um fenômeno humano e histórico, sem condição de demonstrar seus fundamentos sobrenaturais;

d) *como uma tradição reproduzida e produzida pelas instituições, segundo suas regras metodológicas e pedagógicas.* Nesse caso, muitas tradições religiosas, como as Igrejas cristãs históricas, continuaram a estudar e ensinar suas teologias, preservando, por um lado, suas regras teóricas e metodológicas e, por outro, criando novas regras em diálogo com o pensamento e as ciências modernas.

É dentro desse quadro que o ER se colocou e se coloca como um problema e constrói seus modelos, como veremos mais adiante. Na verdade, o sistema de ensino, nas mãos do Estado, negociou politicamente com as Igrejas, mantendo suas concepções modernas sobre religião nos termos estritos da letra "a". A possibilidade "c", ainda carente de viabilização institucional, não obstante sua consistência e acúmulo teórico-metodológico, não foi ainda capaz de fornecer fundamentos para o ER escolar. Também é verdade que as teologias clássica ou moderna não conseguiram viabilizar, fora de seus redutos originais, um franco diálogo com as demais áreas de conhecimento. Portanto, mesmo que a modernidade tenha criado condições epistemológicas para o estudo e o ensino da religião, a opção política tem preponderado nas práticas de ER, o que reproduz, por um lado, cultura científica hegemônica nas instituições modernas e, por outro, as tradições religiosas em suas endogenias doutrinárias. Parece haver, em termos weberianos, uma *afinidade eletiva* entre os interesses cristalizados do Estado (autonomia de suas instituições, inclusive a instituição chamada ciência) e os das Igrejas (de divulgação de suas doutrinas). O ER fica refém dessa confluência de posturas apologéticas que, do ponto de vista histórico, é mais simples e cômodo conservar do que mudar.

É preciso acrescentar, ainda, que, já há algum tempo, pode-se constatar uma crise das instituições produtoras de valores e de cultura de um modo geral. Ao menos no caso do Brasil, a escola participa dessa crise de maneira direta; ela tem se situado dramaticamente como uma instituição que deve completar ou suplementar a educação familiar, enquanto necessita dos meios básicos para a sua própria manutenção como instituição pública. A escassez de financiamento para os docentes, o sucateamento da infra-estrutura e a formação docente, não raro precária, têm produzido um sistema escolar insuficiente no cumprimento de sua missão. Por outro lado, vivemos a era da comunicação que coloca em questão o próprio modelo escolar e, *a fortiori*, o modelo pedagógico, centrado na idéia de informação. O volume e o ritmo de notícias configuram uma cultura com uma quantidade colossal de informações disponíveis nos inúmeros veículos midiáticos. Os lugares clássicos de informação perderam a sua centralidade social e cultural e têm buscado um redimensionamento de suas funções enquanto transmissores de conhecimento; tornam-se, cada vez mais, lugares que devem ensinar a aprender e não somente transmitir conhecimento.

O ER escolar pode participar dessa crise e busca de identidade escolar como mais um ônus para os cofres públicos, como um componente curricular estranho desestabilizador dos currículos mais ou menos estáveis; ou, ainda, como uma possibilidade de resgatar valores éticos também em dificuldade. Muitos vêem o ER como uma das saídas para a escola em crise e, até mesmo, como uma formação familiar a ela relegada.

A relevância do Ensino Religioso

Poderíamos construir uma justificativa para o ER, partindo do princípio clássico de que *conhecer é algo de bom por si mesmo* e que a escola deveria ser uma promotora desse valor. O estudo da religião teria, no caso, uma relevância teórica para o conjunto dos conhecimentos que os estudantes devem assimilar no ensino fundamental e mesmo nos níveis médio e superior. Contudo, cultura geral, na mentalidade pragmática que reina no exercício das ciências, é quase sempre vista como cultura inútil, o que faz com que muitos perguntem pela utilidade do estudo da filosofia, da arte e, sobretudo, da religião. A história do conhecimento e da própria educação nos conduziu a uma prática histórica um pouco distante desse humanismo, exigindo uma resposta até certo ponto politizada pela relevância social dos estudos. Trata-se de uma cobrança também legítima, uma vez que a educação do cidadão tem em vista sua inserção na sociedade como agente crítico e responsável. É nessa direção que vamos exercitar uma justificativa para o ER: como um estudo relevante para a formação do cidadão atual.

A relevância do ER advém da importância social da religião como um dado humano que se mostra nas múltiplas dimensões humanas (social, cultural, política, psicológica etc.), nas ações humanas e nas instituições sociais de ontem e de hoje. A religião se mostra como um elemento constitutivo da sociedade e da cultura, como uma interpretação radical da realidade capaz de motivar ações políticas e de justificar opções pessoais e coletivas. As grandes tradições religiosas continuam operando na sociedade secularizada de maneira matricial e com força política, ao mesmo tempo que se reproduzem em subsistemas que, mesmo sob a égide da autonomia e da ruptura, parecem, na verdade, traduzir e adaptar aqueles antigos padrões às demandas culturais atuais. Na realidade, as novas denominações religiosas, assim como os chamados novos movimentos religiosos, perpetuam as representações e as práticas religiosas sedimentadas e hegemônicas nas novas expressões e linguagens. Por outro lado, assistimos hoje aos efeitos maléficos do fundamentalismo religioso que em nome de Deus legitima guerras e posturas segregadoras.

A religião na sociedade moderna

As instituições modernas têm passado por um desgaste de suas legitimidades, sobretudo no decorrer do século passado. Para muitos, trata-se de um desgaste advindo das próprias conseqüências do projeto moderno; estaríamos colhendo os últimos frutos do processo modernizador, falido em sua proposta original ou deteriorado em sua concretização histórica. Para outros, trata-se de uma nova fase histórica que superou aquela moderna, instaurando novos padrões de vida e de comportamento social e cultural; estaríamos, então, na pós-modernidade. De qualquer forma, os tempos atuais têm demonstrado uma crise nos padrões um tanto fixos da modernidade e, ao mesmo tempo, uma afirmação de valores até então considerados superados. A religião participa desse processo de maneira ambígua, repetindo padrões comportamentais da cultura de consumo moderna e, muitas vezes, negando suas pretensões racionalizadoras.

Em nossos dias, parece estarmos longe de certas previsões modernas que afirmavam o fim da religião com a consolidação de uma sociedade organizada nos parâmetros da ciência ou economicamente equacionada. Por um lado, a sociedade prometida pela modernidade não se concretizou de maneira uniforme; ao contrário, ela se implantou contraditoriamente, reproduzindo as antigas contradições sociais, seja no aspecto da distribuição de renda e das oportunidades de ascensão social, seja no aspecto cultural. De fato, embora estejamos vivendo, já há algumas décadas, um avanço rápido de urbanização e, no seu bojo, a instalação de um *modus vivendi* moderno, que tem igualado a todos em termos de serviços, instrumentos técnicos e padrões de consumo e convivência, a modernização tem-se revelado um processo desigual de inclusão e de repetição de seus significados. Hoje estamos em condição de afirmar que a religião tem-se mostrado de variadas formas dentro do contexto da modernidade em crise, com características de resistência, negociação e reprodução em relação aos padrões modernos. Também é certo que, em suas múltiplas formas, ela tem-se apresentado como uma opção de enfrentamento das condições modernas para as diversas classes sociais e mesmo para os segmentos culturais. Há quem afirme que a própria dinâmica modernizadora traz em sua lógica mais peculiar mecanismos típicos das religiões, sobretudo no que se refere à confiança nas estruturas basilares da sociedade. O sociólogo Antony Giddens explica o funcionamento da sociedade moderna a partir da idéia de confiança. Todo esse funcionamento funda-se na confiança de que as coisas dão bons resultados, muito embora não tenhamos nenhuma garantia de que isto seja verdadeiro. Os sujeitos modernos confiam em princípio nos instrumentos e nos sujeitos que produzem e mantêm os serviços e instrumentos.[3] O mesmo poderíamos dizer da aposta no futuro que governa todo o mercado financeiro e mesmo as aplicações menores de rentabilidade das operações bancárias. Na sociedade atual, a certeza de um porvir melhor rege as opções e ações humanas nos planejamentos macro e microssistêmicos das instituições e dos indivíduos. A oferta de futuro tem movido as sociedades no tempo e no espaço em busca do bem-estar e da felicidade. Ainda

---

[3] GIDDENS, A. *As conseqüências da modernidade*, pp. 83-114.

que não sejam cumpridas, as ofertas se renovam, a cada dia, nos produtos de consumo, nos planos de futuro, nas promessas políticas e, de maneira especial, nas ofertas religiosas.

A centralidade do indivíduo na dinâmica sociocultural, enquanto sujeito consumidor, tem reafirmado formas pré-modernas de encantamento do mundo na medida em que a sensação se torna a mola propulsora dos valores e das relações a partir daí estabelecidas. Ao mesmo tempo, as ofertas religiosas compensam, de variadas maneiras, as promessas modernas de prosperidade que não foram concretizadas, e tendem a crescer com suas ofertas de soluções simbólicas para as necessidades sociais e pessoais que demarcam os campos social e cultural atual nas grandes cidades. Nestas, as formas desiguais do processo de modernização têm perpetuado modos de organização socioespacial assimétricos em que as religiões, nas mais variadas versões, entram em cena como interpretação e saída ao alcance dos sujeitos urbanos excluídos do bem-estar moderno oferecido pelo mercado dos mais diversos produtos em contínua renovação. A grande cidade, palco presumidamente certo da modernização tecnológica e do mundo desencantado, tem sido, na verdade, canteiro de produção religiosa; produção que vem amparada pela história de uma religiosidade popular autônoma e pelo pluralismo de manifestações culturais.

A função social da religião

A religião enquanto componente da sociedade exerce uma função peculiar nos processos de mudança e conservação desta.

Os estudiosos falam de uma dialética entre as religiões e a sociedade, ou seja, da influência de uma sobre a outra, sendo que a maior ou menor preponderância de uma delas dependerá de fatores contextuais. Em casos de dispersão ou de desenraizamento sociocultural, as tradições religiosas tendem a agregar os indivíduos e grupos em torno da tradição comum, exatamente por congregar em nome da fé e da salvação. Ainda que as representações e práticas religiosas se refiram a um mundo transcendente e imediatamente inatingível, na verdade participam dos fluxos históricos que configuram povos, territórios e poderes políticos. As organizações religiosas desde as suas expressões mais remotas desempenham funções sociais e hermenêuticas no interior das culturas como classificação da realidade, a começar do sobrenatural e do natural, como interpretação da natureza e da história, dos movimentos naturais e dos fatos inéditos ou rotineiros; cumprem, ainda, a função de legitimar as diferenciações sociais e os domínios políticos e sociais; exercem também papel de transmissoras sociais das tradições e valores, e, além disso, antecipam fatos que ainda não ocorreram com suas promessas de mundo novo e de vida nova.[4]

As religiões acompanham de maneira ativa as mudanças sociais, reforçando ou resistindo aos seus processos. Pode beneficiar ou coibir o intercâmbio entre os povos com seus programas de evangelização e concepções de territórios ou povos santos; favorecer ou dificultar as mudanças sociais e políticas com discursos que justificam a igualdade ou as diferenças

---

[4] Cf. HOUTART, F. *Sociologia da religião*, pp. 30-31.

sociais; e, ainda, promover movimentos de mudança social ou simplesmente exercer controles sociais sobre os comportamentos coletivos e individuais. A história do Ocidente, mas também de outras geopolíticas, é testemunha da influência social e política da religião sobre expansão dos povos europeus no novo mundo, na constituição dos Estados nacionais, no modo de organização social desses povos, assim como na formação das culturas locais com suas misturas e criações.

Sobre a função social da religião, parecem ainda válidas as contribuições dos clássicos da sociologia. Karl Marx vê as condições de carência econômica como um fator que tende a preservar a religião como estratégia de solução simbólica, como "coração de uma sociedade sem coração", dizia o pensador. Também parece ser verdade que nas sociedades mais abastadas a religião inclina-se a manter menor influência sobre os sujeitos sociais, seja como estratégia de solução simbólica, seja como representações explicativas da realidade. Marx vê a religião como um dos poderes que exercem a ideologia, ou seja, que contribuem com a justificação da divisão de classes, fazendo com que determinadas idéias – de sofrimento do pobre, de igualdade espiritual, de recompensa escatológica – conservem a dominação da classe burguesa sobre os pobres.

Max Weber, embora não negue a visão marxiana do determinante econômico, afirma que as visões de mundo ou os valores condicionam os modos de organização social. É nesse sentido que fala da influência do protestantismo puritano no desenvolvimento do capitalismo no Ocidente e, de modo particular, na América do Norte. Na tradição positivista, a religião ocupa função de controle social, como um conjunto de significados que compõem os valores morais, importantes para a organização da sociedade. E. Durkheim vai, então, falar em coesão social. A religião é a forma mais elementar de organização da sociedade: da visão de mundo, do conhecimento e dos próprios papéis e funções sociais.

Cada um desses autores captou e formulou, de fato, um aspecto da religião na sua relação com a sociedade e tornou possível, com seus referenciais, ainda hoje explicar a função de discursos e de práticas de grupos religiosos tradicionais e novos. A efervescência atual de grupos religiosos é sempre um desafio a essas teorias clássicas, mas, ao mesmo tempo, revela sua atualidade, a depender do ângulo de análise que adotamos.

A religião como força e ambigüidade

As religiões exercem função social de uma forma peculiar, se comparadas a outros componentes da cultura que também influenciam a sociedade na direção da mudança ou da conservação de suas estruturas. A particularidade da religião reside ao menos em dois aspectos que a constitui como sistema de crença: no fornecimento do fundamento da realidade e de um valor ético imperativo. Essa é a razão de sua força, capaz de agregar e impulsionar indivíduos e grupos até o limite da vida e da morte. Durkheim reconhecia que a religião é, antes de mais nada, uma força que nos faz *poder mais*, nos faz agir vencendo as misérias e as fronteiras da vida.[5]

---

[5] Cf. *Formas elementares da vida religiosa*, pp. 492-493.

A religião fundamenta a realidade – A razão de ser da religião é ir além da realidade imediata que vivenciamos, da rotina da vida, dos fatos e efeitos naturais e humanos; em uma palavra, é ir além da realidade imanente. É a proposta de uma interpretação e de um caminho que nos levem até o último fundamento da realidade e exponham com segurança sua origem e sua finalidade. Portanto, os discursos cosmogônicos, vinculados às promessas escatológicas, conferem a moldura geral do mundo e da existência encaixando a realidade em todas as suas mazelas numa linearidade ou num ciclo seguro de princípio e fim, sendo que dessa dinâmica participam, ainda que de modos e com temporalidades diferentes, o mundo, a história e cada indivíduo.

As religiões se especializam em expor e sugerir o caminho de um final feliz para as pessoas e para o próprio mundo. Elas oferecem salvação com as regras e estratégias correspondentes. O fundamento apresentado pelas religiões dá um sentido certo para as coisas, explica as causas últimas dos acontecimentos e direciona as ações dos adeptos. A realidade precária, experimentada, sobretudo, na fugacidade e na fragilidade da existência, encontra razão de ser, abrigo psicológico e destino certo.

No entanto, é preciso lembrar que esse fundamento não é uma oferta por si mesma positiva para a convivência das pessoas e dos grupos sociais. Exatamente pela sua força de convencimento, ele pode conduzir as sociedades a confrontos, justificando segregações, opressões e guerras. De fato, a história nos mostra que em nome de Deus os grupos têm-se matado; a justificativa religiosa deu sustentação inquestionável a práticas horrendas de intolerância e de dominação entre os grupos humanos. O fundamento da realidade torna-se, então, ideologia que legitima interesses de grupos e nações. E pode tornar-se também fundamentalismo, ou seja, verdade absoluta que nega dialogar com as idéias diferentes e se fecha como única explicação da realidade e como única base de ação dos adeptos; e, ainda mais, como apoio seguro das ações mais radicais e extremistas. Ainda que de forma mais sutil, o fundamento religioso pode também se fixar como referência imutável, como conservação de padrões do passado que recusa atualizar-se no processo de mudança histórica. Desse modo, esse fundamento pode criar seitas, grupos terroristas, agremiações integristas e movimentos de intolerância.

Em todos os casos, a religião se mostra como uma força incomparável que proporciona sentido e rumo para as pessoas e grupos, podendo construir ou destruir a vida no seu conjunto ou nas suas partes. No entanto, se olharmos para as grandes tradições religiosas, elas possuem uma proposta que visa, em última instância, a preservar a realidade e a convivência humana, ainda que, em suas configurações institucionais, tenham legitimado dominações e guerras, quase sempre aliadas aos projetos políticos dos poderes civis. Podemos dizer que nesses casos tratou-se exatamente da perda do fundamento original da religião, bem como de sua capacidade de exercer a sabedoria que lê e relê as origens em cada contexto histórico pela percepção sábia dos mestres guardiões da tradição, ou pela inteligência dos especialistas que reinterpretam a tradição. É quando a religião troca a sabedoria pelo poder, o carisma original pela instituição política, a profecia pelo poder sagrado, a razão pela autoridade.

As grandes tradições religiosas foram estabelecidas no bojo do movimento constitutivo das civilizações, como esforço de superar o local pelo universal, o dissenso pelo consenso entre os povos. Elas expressam em códigos religiosos a experiência dos grandes acordos que superaram a vida tribal com todas as suas endogenias culturais. Contribuíram, nesse sentido, para a formação das grandes civilizações com suas interpretações universais sobre o mundo e a história. Elas foram sendo construídas a partir da experiência de um humano comum e universal, quando as cosmogonias localizadas vão dando lugar a antropogonias universais. A experiência de uma totalidade que integra começo e fim de todos os seres vivos e que tem o ser humano como um sujeito responsável, mesmo que em muitos casos visto como decadente, embasa as teologias das grandes tradições religiosas. Por isso mesmo, elas são portadoras de um *ethos comum* que agrega sobre o mesmo valor conjuntos amplos de pessoas e de grupos menores, até então isolados culturalmente e socialmente segregados. As éticas religiosas são fundadas em valores que pautam a convivência humana; em chave religiosa, auxiliam na organização da vida humana em suas diversas dimensões e relações.

É preciso, portanto, resgatar o potencial ético decorrente dos fundamentos religiosos; trata-se, evidentemente, de um resgate que solicita a mediação da razão, para que seja possível manter sua coerência original e, ao mesmo tempo, sua atualidade histórica. Os fundamentalismos tencionam reeditar o passado no presente, sem considerar as distâncias históricas e culturais que separam as gerações de seguidores de uma religião. Eles aplicam na atualidade a literalidade do texto, sem mediações interpretativas, e pretendem historicizar construções simbólicas construídas em contextos culturais arcaicos. Nesse sentido, o estudo das religiões – pelas diversas ciências – e de seus fundamentos – pela teologia com seus recursos hermenêuticos e exegéticos – permanecem necessários e urgentes para que se possa discernir o significado e o potencial ético das tradições religiosas na busca da vida planetária. Dessa forma, há que se afirmar que à relevância e função social da religião correspondem uma relevância e função educacional que, por estar remetida para fundamentos dos mais variados, pode conduzir a comportamentos também variados, nem sempre propositivos à convivência local e planetária dos povos e nações. A religião pode contribuir com a vida e a morte das pessoas, com a vida e a morte do planeta com seus valores incondicionais autonomamente reproduzidos em suas comunidades e mesmo no conjunto da sociedade. Trata-se de um sistema educacional que se reproduz, quase sempre, paralelo aos processos educacionais oferecidos pela escola a todos os cidadãos. A educação do futuro proposta por Morin, que pretende ensinar a conhecer, ensinar a condição humana, a identidade terrena, a vivência ética, só poderá ser realizada contando com as tradições religiosas que têm suas verdades já definidas sobre todas essas questões dentro de um sistema de crenças capaz de produzir efeitos estáveis na vida pessoal e social.[6] O ER poderá contribuir com a superação dessa esquizofrenia histórica entre os dois sistemas educacionais, esquizofrenia que expressa e retrata outras que ocorrem

---

[6] Cf. MORIN, E., op. cit., passim.

entre o privado e o público, a ciência e a religião, o espírito e a matéria, o sentimento e a razão, e que entrava a convivência do ser humano como um todo relacionado na vida planetária e historicamente responsável.

O Ensino Religioso e sua importância

Após essa rápida descrição da relação ativa da religião com a sociedade, vamos retornar à pergunta inicial deste capítulo sobre a necessidade do ER. Acabamos de expor a relevância da religião, sua ambigüidade e potencial ético no decorrer da história. A sua força se reativa nos diversos contextos históricos, fornecendo respostas e justificativas para as ações humanas, independendo, inclusive, das instituições sociais e políticas secularizadas, hoje hegemônicas, ao menos no chamado Ocidente.

Em resumo, podemos dizer que o ER escolar é importante pelos seguintes aspectos que, na prática, estão interligados entre si:

Como estudo da religião – A ignorância religiosa tem sido uma fonte fecunda de sectarismos e intolerâncias religiosas, mesmo nos segmentos culturais mais bem informados. A presença do estudo da religião nas escolas visa a fornecer elementos que favoreçam o discernimento do fato religioso por parte dos estudantes. A presença ativa da religião na sociedade e, conseqüentemente, na vida pessoal do cidadão em formação exige da escola uma palavra qualificada sobre essa questão, no sentido de oferecer informações corretas e abrangentes sobre as tradições religiosas, apresentar ângulos de visão do fato religioso, superando endogenias e proselitismos religiosos e culturais e, ao mesmo tempo, despertar nos estudantes o espírito de curiosidade sobre esse objeto. As tradições religiosas costumam apresentar-se como um campo de verdade constituída. O estudo delas poderá lançar os germes para opções religiosas críticas e maduras.

Como interpretação da realidade – O ensino fundamental fornece aos estudantes elementos que, gradativamente, formam suas visões de mundo e seus modos de interpretar a realidade. A formação do cidadão pretende capacitá-lo a ler não só textos, mas também a realidade. Na verdade, como bem ensinou Paulo Freire, essas duas leituras têm de ser simultâneas para que, de fato, formem o cidadão crítico e autônomo. As religiões fornecem direta ou indiretamente elementos que compõem as cosmovisões, em termos de conteúdos valorativos, estéticos e culturais. Max Weber fala sobre a influência da religião no próprio modo de organização da sociedade. O olhar simbólico sobre a realidade pode receber do ER educação, assim como se educam os olhares racional, estético e ético nas diversas disciplinas do ensino fundamental.

Como religação dos conhecimentos – Os estudos atuais de epistemologia têm demonstrado a fragmentação das ciências em suas diversas áreas, de forma a perder a visão do conjunto. Hoje se sabe cada vez mais sobre o cada vez menor. Os currículos do ensino básico ressentem-se dessa fragmentação em suas disciplinas, cujos conteúdos nem sempre conseguem estar articulados em termos didáticos e, muito menos, em termos epistemológicos. Trata-se, obviamente, de um grande desafio que transcende os esforços das escolas e mesmo dos sistemas de ensino. A raiz do problema está na própria prática das ciências que se apresentam como fundamento dos currículos e de seus conteúdos e que, quase sempre, se constituem de modo isolado. A interdisciplinaridade é um exercício da pesquisa e não só do ensino, embora a construção de currículos interdisciplinares ainda seja uma tarefa por se fazer. Contudo, parece ser possível educar a postura dos professores para o exercício da ligação entre os conhecimentos, na busca de uma compreensão mais totalizante da realidade bioantropológica.

O ER tem condições de contribuir com essa ligação dos conhecimentos pela sua natureza e objetivos. O estudo das tradições religiosas, independentemente das opções metodológicas, remete para as questões de fundo da existência da espécie humana e do próprio planeta e, por decorrência, para as finalidades últimas da vida e do ser humano. Questões dessa amplitude exigem diálogo crítico com as disciplinas que se dedicam, por seus objetos, ao estudo de parte dessa realidade mais ampla e, não raro, conflitam com ela. O sentido radical e global da vida, objeto das religiões e, portanto, do ensino religioso, pode contribuir com a crítica da fragmentação do conhecimento, com as conseqüências desumanizadoras da ciência e com a finalidade ética de todos os conhecimentos na construção da sociedade possível de hoje e do futuro.

Como formação do ser humano – A educação parte do humano como razão fundante, habita-o permanentemente em suas estratégias e a ele se destina em todos os seus objetivos. As propostas de salvação oferecidas, em última instância, pelas religiões tem-no como sujeito de suas ofertas, ainda que o segregue em sua condição pessoal e relacional. A teologia de Deus é sempre uma teologia do ser humano. O cristianismo, já que estamos no Ocidente, edificou-se como um sistema de valorização humana, superando, inclusive, a separação entre o sagrado e o profano pelo princípio da encarnação de Deus. A educação do ser humano não conflita com as religiões; ao contrário, soma-se a elas na tarefa de conduzir a humanidade para a consciência de si mesma e de seu papel dentro da história na sua condição criatural e relacional. No objetivo humanista fundamental da educação escolar, as religiões se encontram com suas teologias da criação e da salvação da humanidade e de toda a criação.

A conscientização da condição biológica, histórica, social e cultural do ser humano é uma tarefa de todas as disciplinas ensinadas nas escolas, ainda que seus conteúdos não explicitem esses temas em suas programações, como, de fato, nem sempre é possível. O ER, ao contrário, poderá estabelecer conteúdos que respondam a essas questões, exercendo, como vimos, a função de estimulador e elo de ligação entre as diversas abordagens.

Como convivência social – A formação do cidadão é, em suma, o objetivo básico do ensino fundamental com todos os seus conteúdos e estratégias. A escola prepara as pessoas para o convívio social, habilitando-as nos diversos aspectos que compõem a sociedade: econômico, científico, político e ético. A cidadania que se visa formar inclui informações teórico-metodológicas, sensibilização artística, formação política e educação para a vida em sociedade. O ER, como já dissemos, contribui com a cidadania nesses diversos aspectos, sendo que a religião perpassa e dialoga com a ciência, a arte, a política e, em muitos aspectos, rege a relação entre as pessoas. Além das tradições religiosas formarem grupos de adeptos com padrões próprios de convivência interna e externa, ela influencia a sociedade como um todo com seus valores e padrões de comportamento, criando situações de paz ou de intolerância. O estudo das religiões oportuniza o conhecimento do diferente, resgatando os valores e sugerindo o diálogo como pauta regular para a vida social.

Como parâmetro ético – As tradições religiosas são portadoras de éticas que orientam e disciplinam a vida de seus adeptos na convivência interna do grupo e na vida social. A ética é um constitutivo das religiões, uma vez que oferecem um caminho de vida visando conduzir o crente à salvação. Às escatologias religiosas correspondem as normas e os hábitos aderidos e vivenciados pelos fiéis, de maneira mais ou menos rigorosa. As grandes tradições religiosas conservam de maneira bastante sedimentada suas normas morais, que exercem influências positivas ou negativas sobre o convívio humano local e mundial. É próprio das éticas religiosas seu caráter imperativo e, muitas vezes, dogmático, pois se trata de normas advindas das fontes sagradas da tradição ou, em muitas linguagens, do próprio Deus.

O ER não pode usar a força ética das religiões para instruir com estratégias de controle social, como pode acontecer com a educação de um modo geral. O que está em jogo é a busca de consensos éticos a partir das tradições religiosas, como bem expressa H. Küng em suas obras nos últimos anos. A pergunta pelo certo e o errado, em última instância, pelo bem e pelo mal, estará, com certeza, incluída nos programas de ER, ainda que ecloda espontaneamente dos estudantes. As religiões, além de fornecerem um conjunto de valores sobre as grandes questões da vida humana para os estudantes, podem ajudar na construção de valores mundiais que orientem a vida planetária. A cidadania universal exige conhecimento dos valores próprios das religiões, assim como a postura construtiva de parâmetros universais de convivência. Para tanto, as religiões podem contribuir propositivamente.

Esses pontos sobre o ER são pautas da educação geral do cidadão. A educação civil e leiga para a cidadania não pode ignorar as religiões, pela sua forte presença e função social; cumpre decodificar criticamente as representações e práticas religiosas em nome da convivência sempre mais construtiva entre as pessoas e grupos, educar para a convivência social das diversidades confessionais, assim como haurir das tradições religiosas valores que contribuam com a vida humana na sua subsistência e convivência.

Colocadas as relevâncias da religião e de seu estudo, vamos examinar a seguir a consistência desse estudo como área de conhecimento e os desafios de constituição das licenciaturas.

QUESTÕES

1) Relacione religião e modernidade como continuidade e superação.
2) Levante os aspectos positivos e negativos da função social da religião.
3) Aponte outros aspectos relevantes do ER em nossos dias.

BIBLIOGRAFIA SUGERIDA

HOUTART, François. *Sociologia da religião*. São Paulo, Ática, 1994.
METTE, Norbert. *Pedagogia da religião*. Petrópolis, Vozes, 1999.

II

A FORMAÇÃO DO DOCENTE PARA O ENSINO RELIGIOSO

OBJETIVOS

- Apresentar a religião como um objeto de estudo da ciência e a possibilidade de organização de cursos de graduação nessa área.
- Mostrar a conveniência e os desafios na organização e oferta de licenciaturas para o ER.

SUBSÍDIOS PARA APROFUNDAMENTO

No caso do Brasil, já podemos dizer que as Ciências da Religião solidificaram-se no nível de pós-graduação com seus cursos regulares de mestrado e doutorado credenciados pela Coordenação de Aperfeiçoamento de Pessoal de Nível Superior (Capes). As experiências de cursos de graduação (bacharelados) são recentes e incipientes, sendo que muitos deles escondem, na verdade, currículos com pressupostos e conteúdos teológicos. Há que se ressaltar que, nas tentativas feitas de organização da modalidade Licenciatura em Ciências da Religião por parte de algumas instituições, a resposta do Ministério da Educação foi negativa, alegando a velha questão da autonomia das confissões religiosas e da laicidade do ensino. As razões históricas desse dogmatismo político e dessa ignorância institucionalizada sobre os estudos de religião já expusemos anteriormente. É hora de avançarmos na direção do novo e quebrar os dogmas cristalizados do passado, em nome dos mesmos princípios da autonomia religiosa e da laicidade do ensino.

O acúmulo de estudos de Ciências da Religião nos cursos de pós-graduação já foi um primeiro passo para a superação dos preconceitos e da própria institucionalização do estudo científico da religião, no âmbito das ciências habilitadas nas áreas estabelecidas pelos órgãos do Ministério da Educação. As Ciências da Religião podem oferecer a base teórica para o ER, posicionando-se como mediação epistemológica para suas finalidades educacionais em cursos de licenciaturas.

O estudo da religião como ciência

O estudo da religião tem a idade do pensamento ocidental, estando presente já nas obras dos filósofos gregos, sem falar das sistematizações feitas pelas tradições religiosas sobre suas origens e sobre seus textos sagrados. A Bíblia, por exemplo, pode ser vista como um conjunto de sistematizações sobre a tradição judaico-cristã, nas quais estiveram presentes, sob os mais diversos estilos literários, releituras e reflexões acerca dos grandes temas que embasaram a fé judaica e cristã. À medida que as tradições religiosas se institucionalizam, seus fundamentos, originalmente apresentados em linguagens nitidamente míticas, passam por um processo de racionalização, ou seja, as concepções e práticas religiosas vão adquirindo uma expressão teológica que busca ordenar os elementos originalmente dispersos ou se esforça em dar uma base mais convincente para seus pressupostos.

Embora a disciplina autônoma relacionada ao estudo da religião tenha início no século XIX, no conjunto maior das demais ciências humanas, o interesse sobre ela é muito anterior e pode ser encontrado já nos filósofos pré-socráticos. Estes interrogavam sobre a natureza dos deuses e dos mitos e ensaiavam a primeira crítica racional da religião. Na seqüência histórica, a religião será objeto de análise dos grandes filósofos gregos e estará presente nas preocupações dos primeiros teólogos cristãos. No contexto da racionalidade grega, o cristianismo vai tecer embates tanto com seus adversários teóricos quanto com os sincretismos inevitáveis e suas correntes teórico-religiosas. Para os padres apologistas interessava mostrar a autenticidade do cristianismo como uma religião revelada por Deus e a falsidade dos deuses pagãos. Também houve um esforço por distinguir, do ponto de vista racional, a autêntica verdade cristã das falsas doutrinas, rejeitadas como heresias. De qualquer forma, nesse contexto da filosofia cristã, a religião vai estar presente como uma questão a ser compreendida racionalmente e o cristianismo passará por uma colossal sistematização e fundamentação de suas representações e práticas religiosas. A teologia cristã se estabelece como ciência hegemônica ao longo de toda a Idade Média e, no seu seio, os elementos religiosos do cristianismo vão sendo formulados como doutrina, liturgia e moral. A busca da articulação entre fé e razão regerá toda a produção teológica e, em certa medida, a produção das demais ciências; e as três grandes tradições monoteístas — judaísmo, cristianismo e islamismo — fornecerão as matrizes religiosas para a elaboração dos sistemas filosófico-teológicos que vão predominar até os tempos modernos.

Com o advento das ciências modernas, a partir do século XIX a religião passará a ocupar um lugar ambíguo. Por um lado, a tradição teológica vai tomando uma posição cada vez mais oposta ao pensamento moderno como expressão de uma era a ser superada política e teoricamente, agora com a razão moderna autônoma. Por outro, começa a ser gradativamente assumida como um objeto de estudo pelas diversas ciências preocupadas em explicar o comportamento humano. A partir de então já podemos falar em estudo científico da religião no sentido estrito ou em ciências da religião.

Mas até o momento utilizamos sem precisão conceitual a nomenclatura *Ciências da Religião* para designar o estudo científico da religião como base para seu ensino nas escolas. Do ponto de vista metodológico, há diferenças a serem cunhadas e opções a serem feitas, embora as tendências conceituais tenham confluência no seguinte ponto básico: a religião pode ser objeto de estudo científico sem o clássico pressuposto da fé, como no caso da teologia, seguindo os parâmetros gerais do fazer científico. Esse estudo, assim como outros, pode ser visto tanto pela singularidade da abordagem e da pluralidade de objetos (Ciência das Religiões) como pela singularidade de abordagem e de objeto (Ciência da Religião), e ainda como abordagens e objetos plurais (Ciências das Religiões). Esse não parece ser um problema exclusivo dos estudos de religião. Poderíamos encontrar analogias, por exemplo, no caso da Ciência(s) política(s), da Ciência(s) da educação(s) ou da Ciência(s) médica(s). A proposta da abordagem interdisciplinar, cada vez mais instigante, no âmbito dos estudos epistemológicos e pedagógicos pode lançar novas luzes sobre essa temática, de forma que a discussão metodológica sobre o singular e o plural assuma, nesse âmbito, uma dinâmica mais dialética na busca de interações, superações e sínteses. A própria categoria da transdisciplinaridade sugere a construção de patamares compreensivos mais amplos e singulares sobre a multiplicidade de objetos abordados isoladamente pelas disciplinas clássicas.[1] Não entraremos nessas distinções metodológico-conceituais, ainda que possam ser importantes para a compreensão metateórica do estudo do fenômeno religioso e tenha, de fato, produzido significativos trabalhos acadêmicos.[2] O fundamental nesta reflexão é demonstrar propositivamente a seguinte seqüência: o estudo científico da religião no âmbito

---

[1] Cf. MORIN, E. *Complexidade e transdisciplinaridade*. Natal, EDUFRN, 1999.
[2] Sobre a questão, pode-se verificar bom número de reflexões: FILORANO, G. & PRANDI, C. *As ciências das religiões*. São Paulo, Paulus, 1999; TEIXEIRA, F. *A(s) ciência(s) da religião no Brasil*: afirmação de uma área acadêmica. São Paulo, Paulinas, 2001; GRESCHAT, Hans-Jürgen. *O que é ciência da religião?* São Paulo, Paulinas, 2006; *Religião & Cultura*, São Paulo, Paulinas, v. II, n. 3, 2003.

da academia, sua legitimidade curricular no seio das escolas, sua necessidade pedagógica para a formação do cidadão. Vamos manter a nomenclatura *Ciências da Religião* para designar esse estudo científico que tem a mesma idade das demais ciências humanas, embora no caso do Brasil, e mesmo de outras partes do mundo, ainda seja associada a confissões religiosas, ou mesmo que, em certos casos concretos, sirva para abrigar em seu seio abordagens de natureza teológica.

De fato, parece haver duas correntes que se cruzam nos estudos científicos do fenômeno religioso, como já assinalava Eliade na década de 1950, ao tratar da história das religiões. Uma primeira que vai na direção do estudo da religião como um fenômeno singular e outra como um fenômeno marcadamente plural.[3] Olhando para o desenvolvimento histórico dos estudos, eles parecem configurar, de fato, o seguinte quadro epistemológico. A primeira direção busca decodificar a essência da religião a partir das diversas religiões, caso concreto da História das religiões, dos Estudos comparados e, paradigmaticamente, da Fenomenologia. A segunda prima pela investigação de objetos específicos com abordagens particulares, devendo seus tributos metodológicos às ciências humanas modernas (Sociologia, Psicologia, Antropologia etc.) e somando-se muitas vezes com a própria Filosofia. O cientista da religião Hans-Jürgen Greschat faz uma distinção semelhante entre o que chama de "trabalho específico", realizado pela História da religião, e o "trabalho geral", executado pela Ciência sistemática da religião. A primeira

---

[3] Cf. ELIADE, M. *O sagrado e o profano*, p. 13.

opera uma abordagem longitudinal, expondo as características de cada sistema de crença no seu desdobramento histórico. A segunda busca os elementos singulares das religiões visando à exposição daquilo que constitui a religião como um fenômeno universal.[4]

Portador de objeto e método singulares ou plurais, o estudo da religião procura elucidá-la em sua origem, estrutura, dinâmica e função, e compôs ao longo da história um acúmulo significativo de teorias e métodos, um rol de disciplinas especializadas e uma biblioteca de excelentes monografias que lhe garante o estatuto do que se convenciona chamar ciência. Tais resultados nos permitem compreender o fato religioso sob múltiplos ângulos e credenciá-lo no rol das ciências. Também é verdade que tal ciência voltada à religião, tanto quanto outras, se faz como processo permanente de construção/superação/reconstrução na busca de modelos sempre mais coerentes com a dinâmica móvel e renovável da realidade estudada. Nesse sentido, as ciências de um modo geral não podem ser compreendidas como conceitos monolíticos, fechados e estáticos; ao contrário, possuem uma dinâmica que joga singularidade e pluralidade na sua constituição como disciplina científica definida com objeto e método próprios.

Por um lado, as disciplinas se constituem como tais a partir de enfoques múltiplos, formando, muitas vezes, uma espécie de cadeia: a estatística necessita da matemática, a sociologia precisa da estatística, a comunicação precisa da sociologia etc. Por outro

---

[4] Cf. *O que é ciência da religião?*, cit., pp. 45-135.

lado, uma disciplina gera outra disciplina. A filosofia é considerada, com razão, a grande mãe. Dela nasceram as várias ciências humanas. Da medicina surgiram as disciplinas de nutrição, fisioterapia e fonoaudiologia. Desse modo, o unidisciplinar ocorre numa dinâmica de relação permanente com outras disciplinas e, ao mesmo tempo, numa direção de especialização constante. As Ciências da Religião explicitam de maneira direta e emblemática essa dinâmica em sua pluralidade e unidade de enfoques. Somos da opinião que, assim como as demais ciências, a da religião alimenta-se de instrumentos provenientes de diversos campos epistêmicos e caminha sempre para uma singularização de sua abordagem como matéria autônoma. O que nos interessa é, de fato, deixar claro que não cabe nenhuma exceção epistemológica às Ciências da Religião; sua cidadania teórico-metodológica é plena e pode fornecer a base para a compreensão da religião como um objeto de estudo e para cursos regulares de graduação. Os pontos seguintes sintetizam essa questão:

a) A cientificidade dos estudos de religião legitima-se nas mesmas fontes e metodologias e nos mesmos processos históricos das demais ciências humanas, constituídas a partir do século XIX e que se instituíram como áreas/cursos/profissões oferecidos nas universidades desde essa época. O estudo científico da religião, com suas variadas nomenclaturas, construiu um acúmulo de trabalhos que compõe uma tradição teórica e metodológica sólida como ciência. Se há algum déficit a ser considerado na religião como área de conhecimento, ele não se coloca no campo teórico e metodológico, mas sim no campo institucional, ou seja, na sua inserção plena nas universidades como objeto de pesquisa e como disciplina, na estruturação de cursos específicos e na formação e habilitação profissional. A gestão política da ciência e do ensino no contexto do Estado moderno explica essas defasagens.

b) A distinção entre Ciências da Religião e Teologia é um dado epistemológico e político fundamental para os estudos e ensino da religião, e qualquer mistura implícita ou explícita deve ser evitada nas filosofias fundantes dos cursos e em suas organizações curriculares, ainda que se saiba do pressuposto da fé na construção do discurso teológico, ainda que se possa distinguir teologias mais acadêmicas das mais eclesiais nos cursos hoje oferecidos. As Ciências da Religião se distinguem da Teologia não só pelo seu objeto, mas pela abordagem regrada necessariamente pelos parâmetros metodológicos das chamadas ciências humanas, estando restritas, portanto, aos limites empíricos do objeto e aos cânones da investigação científica. A Teologia, não obstante sua multiplicidade interna de objetos materiais e de métodos, possui um objeto formal inequívoco que diz respeito ao enfoque: reflexão feita a partir da fé. Trata-se, portanto, de uma ciência que assume o *a priori* da fé como um elemento determinante na construção de seu discurso. Os dados da fé compõem não só o lado material da teologia – como temáticas específicas a serem trabalhadas –, mas dá, antes de tudo, a direção da análise, sempre parametrada por certos valores afirmados, oriundos do sistema religioso, no caso, a tradição judaico-cristã.

c) As Ciências da Religião têm trabalhado com uma pluralidade de objetos e abordagens, mesmo que assumida como uma metodologia singular. A interdisciplinaridade pode proporcionar uma dinâmica rica nos estudos e no ensino da área e um caminho para se chegar a um enfoque distinto mais acurado, se pensarmos no desenvolvimento da área na direção desejada da transdisciplinaridade. Por outro lado, elas poderão interagir com outras disciplinas já instituídas no universo das ciências humanas e da própria teologia e produzir a partir daí não só resultados teóricos, como também novas configurações epistemológicas em termos de teoria do método das Ciências da Religião.

d) Os currículos de Ciências da Religião contam com uma rica herança de abordagens que possibilitam a organização dos estudos da religião em composições variadas, de forma a dar conta dos múltiplos ângulos do fenômeno em seu desenvolvimento histórico, em sua essência mais fundamental e em suas variadas faces enquanto linguagem, organização e ação. Nesse sentido, é possível haver currículos que se estruturem a partir de escolhas de recortes teóricos e metodológicos específicos, adotados em função de opções filosóficas, de especialidades acumuladas na atividade de pesquisa ou de demandas culturais locais. Tais recortes podem assumir a fenomenologia, a sociologia, a história ou outros como eixos predominantes. Essa liberdade de composição curricular concretiza a concepção atual de formação superior estabelecidas pelas atuais Diretrizes Curriculares.

e) A formação de docentes para o ER requer uma articulação, no interior dos currículos, de questões referentes ao ato pedagógico e à religião, no sentido de responder à pergunta básica: ensinar religião para quê? Como nas demais áreas/disciplinas, o estudo da religião é meio para um fim maior, que é a educação dos cidadãos para responder aos desafios da sociedade atual e, quiçá, do futuro. A conscientização do docente quanto à importância dessa finalidade deverá ir além das disposições que fundamentam os cursos com seus objetivos, currículos e práticas didáticas, e afirmar-se como um pressuposto indispensável que possa garantir a própria qualidade teórica e pedagógica do curso, enquanto transmissão de uma área de conhecimento e não como formador de posturas religiosas. Nesse sentido haverá sempre uma filosofia da religião subjacente às concepções e práticas curriculares de Ciências da Religião que responda sobre o sentido da religião e de seu ensino.

As licenciaturas em Ciências da Religião

As razões de o ER ter como base epistemológica as Ciências da Religião já foram trabalhadas nos itens anteriores e no decorrer desta reflexão. Poder-se-ia perguntar por que não adotar a área de teologia como base, tendo em vista sua legalização pelo Ministério da Educação a partir de 1999. Além da questão do pressuposto da fé que condiciona o ato pedagógico para uma educação da religiosidade dos sujeitos, os cursos de teologia oferecem de modo quase inevitável conteúdos internos às tradições de fé, e sua história cristã foca, prioritariamente, a doutrina e as práticas do cristianismo e, quase sempre, em suas subtradições particulares estruturadas em várias linhas e Igrejas. O ER não pode apostar, como a teologia, em conceitos valorativos da tradição da fé, mas também não os exclui como algo a ser considerado no processo educacional.

Por certo, as Ciências da Religião, além de mais conatural ao *ethos* científico subjacente aos currículos escolares, poderá garantir maior isenção na análise e transmissão dos conteúdos de ER e uma interação entre as crenças professadas pelos alunos.

Da educação religiosa à educação do cidadão

Estamos afirmando que o pressuposto do ER é pedagógico; centra-se na educação do cidadão para viver como tal na sociedade e atuar profissionalmente de modo autônomo e responsável. A prática pedagógica dialógica, tão bem pautada por Paulo Freire, exige uma relação crítica e construtiva entre educadores e educandos com seus respectivos universos culturais. Também no caso do ER, o ato de ensinar não significa transferir conhecimento religioso, mas assumir a religião como um dado a ser conhecido como parte da apreensão da realidade, da formação do sujeito e da responsabilidade para com a sociedade.[5] Como vimos, a

---

[5] FREIRE, P. *Pedagogia da autonomia*, passim.

religião é um dado sociocultural fundamental que condiciona os modos de organização e de atuação social que afetam, tácita ou explicitamente, as opções individuais, como fonte incondicional de valores, e, ao mesmo tempo, contribui de maneira decisiva na construção de configurações socioculturais mais amplas. A busca de uma ética civil a partir das religiões constitui, segundo Hans Küng, um caminho necessário para a civilização atual subsistir com suas relações planetarizadas. Não se trata de reeditar para o conjunto da sociedade as éticas religiosas, como na fase pré-moderna da história ocidental, mas de haurir delas seu potencial valorativo e estabelecer consensos básicos para a sobrevivência da humanidade em seu conjunto mundialmente interconectado.[6] Nessa direção, o estudo da religião se torna uma via indispensável na tarefa urgente de educar para a convivência universal, e mais, para a sobrevivência humana e ecológica em tempos de crise planetária. O conhecimento das alteridades religiosas é um objetivo educacional sem o qual não se podem conhecer verdadeiramente as particularidades e a totalidade que compõem nossa vida sempre mais globalizada e, com maior razão, a lógica religiosa inerente a muitos conflitos mundiais em franco curso ou, cinicamente, anunciados por certos blocos de poder.

Temos, então, constituída a base mais elementar do ER escolar: em termos amplos, a relação *religião/ética/educação*; em termos epistemológicos, a relação *estudo da religião/ensino da religião/cidadania*; e em termos curriculares, a relação entre *Ciências da Religião/Licenciatura em religião/Ensino religioso*. A concepção atual de

---

[6] Cf. KÜNG, H. *Projeto de ética mundial*, passim.

licenciatura prevê a integralização das abordagens relacionadas à educação no decorrer dos cursos, sem dicotomias entre os conteúdos das áreas e os conteúdos pedagógicos. Uma diretriz curricular para as Ciências da Religião poderá viabilizá-la na modalidade de bacharelado e licenciatura, conforme as relações inerentes entre o estudo e o ensino da religião.

Das Ciências da Religião ao Ensino Religioso

Passar das Ciências da Religião, como área de conhecimento com seus resultados já postos, para o ER é um caminho de construção desafiante e fecundo, em muitos aspectos ainda por se fazer. Há que ressaltar que esse é o desafio comum das licenciaturas: o de traduzir para o ensino aquilo que é conteúdo obtido das pesquisas em determinada área de conhecimento. Isso significa que os assuntos estudados em um curso de graduação não correspondem exatamente àqueles a serem ensinados em sala de aula. Portanto, os temas das Ciências da Religião deverão ser traduzidos para os do ER. Há entre um e outro um trabalho de construção que os teóricos denominam *transposição didática*. Não se trata do velho problema didático de adequação de linguagens e estratégias adequadas aos estudantes, mas de construção mesma de conteúdos de um nível cognitivo e semântico para outro, o que, de certa forma, pode significar uma recriação e constitui um objeto de estudo na tarefa de formação de docentes.

A *transposição didática*, como explicam os estudiosos do assunto, significa o reconhecimento de epistemologias distintas para as ciências e para o ensino das ciências. No processo de ensino-aprendizagem estão envolvidas três esferas de conhecimento: o das ciências, o do ensinamento e o do ensinado. O primeiro diz respeito aos processos e resultados da pesquisa científica sobre determinado objeto, o segundo sobre a construção do ensinamento que envolve um trabalho de recodificação de tais resultados adequados a partir de estratégias didáticas ao universo cognitivo dos estudantes; e o terceiro, àquilo que efetivamente foi comunicado aos alunos no ato de ensinar. Portanto, não seria correto supor que nas três esferas haveria um único objeto a ser estudado como um conteúdo unívoco que sairia direto do forno da ciência para a mesa do estudante. Nesse processo estarão sempre envolvidos vários sujeitos de algum modo responsáveis pela definição dos conteúdos a serem ensinados: sujeitos da comunidade científica, sujeitos políticos responsáveis nos sistemas de ensino, sujeitos responsáveis diretos pela docência e os próprios alunos como sujeitos que processam a aprendizagem.[7] O desafio da implementação das licenciaturas em Ciências da Religião é a articulação desses sujeitos, historicamente isolados, como retroalimentadores capazes de construir a prática de ER tecnicamente qualificada.

A transposição didática das Ciências da Religião para o ER é, de fato, uma problemática central para as licenciaturas e deve ser tratada como uma questão teórica e metodológica que supere a mera definição de conteúdos curriculares. O risco da simplificação desses conteúdos pode ser grande, tendo em

---

[7] Cf. PAIS, L. C. Transposição didática. In: FRANCHI, A. et alii. *Educação matemática*: uma introdução, pp. 16-24.

vista as velhas práticas descoladas das Ciências da Religião e, muitas vezes, construídas a partir de referências teológicas e até catequéticas, o que se agrava pela incipiência desses cursos de graduação no âmbito do ensino superior. Nesse sentido, as licenciaturas têm um papel específico nesse estudo e devem superar a mera função de fornecedoras de estratégias didáticas, podendo produzir reflexões e orientações para a definição dos conteúdos de ER, auridos, selecionados, traduzidos e recriados com base em múltiplos conteúdos das Ciências da Religião. É justo ressaltar que os referidos *Parâmetros* construídos pelo Fonaper[8] já fizeram um exercício de construção de conteúdos a partir das Ciências da Religião, embora não utilizem explicitamente essa nomenclatura nem toquem na problemática epistemológica da *transposição didática*. O que ali é apresentado como *Critérios para organização e seleção de conteúdos...*, mesmo que de modo bastante sumário, pode ser visto como um exercício prático de transposição didática. Não obstante seu valor histórico e sua função paradigmática para o ER, a proposta não toca, a nosso ver, nessa questão de fundo que consistiria primeiramente em problematizar as transposições simples dos conteúdos das ciências para os conteúdos do ensino e, em segundo lugar, sugerir saídas metodológicas para o procedimento concreto no âmbito das diversidades curriculares possíveis e dos níveis de ensino. De fato, outras composições curriculares de Ciências da Religião são possíveis, inclusive amparadas pela legislação atual que garante a liberdade das instituições de ensino na

---

[8] Cf. *Parâmetros Curriculares Nacionais*, cit., pp. 32-55.

organização de seus currículos, sendo que dessa diversidade teórica e metodológica decorreriam diferentes propostas de conteúdos para o ER.

Pontos de síntese

As licenciaturas em Ciências da Religião devem estar atentas para os seguintes pontos decorrentes da natureza e dinâmica próprias do objeto e do estudo da religião, bem como das diretrizes da atual LDB sobre a formação de professores.[9]

a) A busca de articulação dos elementos que caracterizam a ação educativa do ponto de vista de sua finalidade ética última e dos conhecimentos a serem transmitidos se dá na relação interativa e construtiva entre a teoria e a prática, conforme estabelece o artigo 61 da atual LDB. Esse princípio assume um duplo desafio: o de acolher e integrar no processo de ensino-aprendizagem as diversidades dos educandos, colocando, simultaneamente, sob o foco crítico da decodificação, a lógica interna do fenômeno religioso, o que inclui desconstruções de valores muitas vezes solidificados em formas e expressões religiosas.

b) Há que ressaltar um risco que ronda certas teorias de aprendizagem e que, em se tratando de religião, pode adquirir proporções caricaturais, por se tratar de um

---

[9] Cf. Lei Federal n. 9.394 /96 – Título VI – arts. 61-67, e a Resolução n. 01/02 de 18 de fevereiro de 2002, que instituem as Diretrizes Curriculares para a Formação de Professores da Educação Básica. Disponível em: <http://portal.mec.gov.br>.

fenômeno cada vez mais operante na esfera do subjetivo e, portanto, como verdade pessoal do crente-estudante. O estudo da religião não pode reforçar pedagogicamente o senso comum religioso e as visões individuais como verdade dogmatizada refratária à decodificação crítica em nome da relatividade de modelos teóricos e do próprio estudo da religião.

c) Desse desafio de fundo, decorrem outros mais práticos e igualmente importantes, referentes à ação didática a ser ensinada/aprendida nos cursos de formação para o ER, com vistas à atuação do professor na realidade concreta da sala de aula. Trata-se da inclusão das experiências religiosas dos alunos, tradução dos conteúdos estudados com aportes teóricos mais acurados e com objetos de maior amplitude para a sala de aula e sensibilidade para considerar as cosmovisões religiosas, seguramente ativas em grande parte dos alunos.

d) É bem verdade que esses desafios pedagógicos e didáticos estão presentes em qualquer área de conhecimento a ser ensinada; porém, no caso do ER, eles se revestem de uma relevância maior por se situarem num nível da consciência da realidade do educando e, antes, do próprio professor, que diz respeito aos fundamentos primeiros da realidade, dos valores e das opções humanas.

e) A transposição didática dos métodos e conteúdos estudados e aprendidos nas Ciências da Religião é um objeto de estudo das licenciaturas. Esses cursos têm a missão de ensinar a construir saberes a serem ensinados.

A vastidão das tradições religiosas, a sensibilidade dos alunos à questão religiosa, a multiplicidade de abordagens inerentes às Ciências da Religião oferecem um universo rico e complexo para as licenciaturas em Ciências da Religião, no sentido de distinguir e relacionar o saber científico, o saber a ser ensinado e o saber assimilado pelos alunos.

f) Por fim, vale relembrar que a formação dos docentes para o ER poderá contar com possibilidades variadas de organização curricular nos termos das Diretrizes supracitadas, expostas na Resolução n. 01/02 do CNE/CP, seja por deixar às instituições a liberdade e responsabilidade de organização dos seus projetos pedagógicos de cursos (art. 7º, incisos III, IV e V; e art. 10), seja pelos próprios critérios da matriz curricular que falam em *eixos* e *dimensões*, sem fixar conteúdos específicos e definidos (arts. 10 e 11). Nesse sentido, os diferentes cursos de Ciências da Religião já existentes no país, bem como as experiências mais localizadas de formação superior de professores de ER, poderão constituir boa base para uma futura diretriz e para futuras licenciaturas.

QUESTÕES

1) Faça a distinção entre as abordagens das Ciências da Religião e as da Teologia.
2) Como distinguir pesquisa e ensino da religião a partir da idéia de *transposição didática*?
3) Como a educação pode contribuir para a formação ética dos educandos?

BIBLIOGRAFIA SUGERIDA

GRESCHAT, Hans-Jürgen. *O que é ciência da religião?* São Paulo, Paulinas, 2006.

SENA, Luzia (org.). *Ensino religioso e formação docente.* São Paulo, Paulinas, 2006.

CONSIDERAÇÕES FINAIS

O ESTUDO DA RELIGIÃO COMO MEIO PARA A EDUCAÇÃO DOS CIDADÃOS

As reflexões apresentadas desenvolveram-se a partir da idéia de três pressupostos de ER, dois a serem superados nas práticas escolares, o da fé e da religiosidade, e um último a ser construído: o da educação do cidadão. Os dois primeiros foram elaborados e adotados nas práticas de ER em contextos que vinculavam esse ensino com o direito do cidadão que professa fé e que tem uma dimensão de espiritualidade a ser educada. A escola teria a obrigação democrática e legal de responder às peculiaridades religiosas de seus educandos, oriundos das diversas confissões, e de exercer uma espécie de complemento educacional aos valores e conteúdos religiosos de seus estudantes. A religião é tomada, assim, como algo localizado fora da escola, da própria sociedade plural e do Estado leigo – algo originado e processado nas esferas da individualidade e das confessionalidades, e deve, por razões de direito e por meios democráticos, ser estudada pelos fiéis que freqüentam a escola. Nesse paradigma, o ER proporcionaria o estudo de questões referentes à religião como uma finalidade em si mesma: educar à religiosidade para ser mais religioso. Sugerimos avançar para o seguinte modelo: tanto quanto outras áreas de conhecimento, o estudo da religião é caminho para a formação do cidadão mais crítico e responsável.

A educação da fé, feita pela catequese, tem, na verdade, a fé como princípio, meio e fim de toda a vida do educando dentro de sua comunidade confessional. A catequese tem um objetivo teórico que se efetiva de modo articulado e concomitante com o vivencial, uma vez que os conteúdos doutrinários transmitidos aos iniciandos vêm acompanhados da adesão concreta às regras de vida da comunidade e à participação cúmplice nas ações litúrgicas. Essa práxis educativa de fé conduz necessariamente para a inserção comunitária e a profissão pública da mesma fé e se organiza como uma ação permanente que acompanha a vida do crente. O ER escolar terá que evitar não só a estratégia catequética, mas o próprio pressuposto da fé na sua concepção e organização.

A educação religiosa não exclui a dimensão e o aspecto da religiosidade, como a abertura do sujeito para o transcendente e para o crescimento espiritual, embora não os inclua necessariamente em suas finalidades e execução. É distinta da educação da fé, feita mediante a catequese. Enquanto a educação da religiosidade tem, necessariamente, um pressuposto filosófico ou teológico que a afirma não só como uma dimensão, mas também como um valor para o ser humano e, portanto, como algo a ser preservado e aperfeiçoado. Significa formar os sujeitos na abertura para a transcendência absoluta como um fundamento último da realidade e da própria ação humana. Como vimos, a obra supracitada de Leonel Franca tecia nos idos anos 1930 essa fundamentação para o ER, mostrando a religião como a fonte última de toda ação pedagógica e ética.

Afirmamos o valor do Estado leigo, do ensino leigo, de uma ciência leiga e, nesse mesmo bojo, o estudo e o ensino da religião são não só possíveis, mas também necessários para que possamos formar cidadãos críticos e responsáveis, capazes de discernir a dinâmica dos fenômenos religiosos que perpassam nossa vida em âmbito local e mundial e condiciona as ações das pessoas nos seus recônditos mais profundos. Ainda que tarde, devemos derrubar esses dogmas que mantêm a religião sob os territórios da ignorância institucionalizada em nome da lucidez e da liberdade prometidas pelo projeto da modernidade.

O pressuposto pedagógico sustenta a proposta do ER escolar. A religião é um dado de realidade que, por si mesmo, não deve ser classificado como negativo ou positivo; apenas um dado antropológico e sociocultural que tem a força de fundamentar as ações mais conservadoras ou transformadoras, mais perversas ou benéficas. A história humana contou com a religião nas suas diversas construções e não precisamos recordar a ligação intrínseca entre o cristianismo e todos os fatores que construíram o chamado Ocidente, inclusive em suas instituições mais secularizadas. O fato é que a religião não desapareceu da sociedade, embora tenha passado por espetaculares processos de adaptação e transformação no seio das sociedades modernas.

O ER decorre, portanto, do fato de o fenômeno religioso fazer parte da sociedade, assim como qualquer outro fato coletivo, e dever ser compreendido para garantir a formação plena do cidadão. Assim, tem como objeto e razão algo de todos, e que a todos toca de alguma forma; tem como base epistemológica os estudos científicos de religião acumulados no curso da elaboração das ciências humanas modernas, e como objetivo a educação dos cidadãos. Nesse sentido, o que estamos denominando pressuposto pedagógico se torna um pressuposto também ético que cobra da ação pedagógica uma teleologia: educar para quê?

O estudo da religião é um meio que visa a um fim educacional maior e não um fim em si mesmo, como no caso dos dois outros pressupostos. A tese de Hans Küng de que uma *ética mundial* passa pela paz entre as religiões aponta para a urgência da compreensão das tradições hegemônicas, mas também daquelas minoritárias, para que o planeta possa conviver planetariamente, sendo também um dado real a vida cada vez mais planetarizada. Nesse sentido, o estudo das religiões parece entrar numa fase histórica em que se configura uma tarefa primordial de organização mundial para a qual serão convocados todos os cidadãos. Portanto, constitui o caminho de passagem para algo mais elevado que coincide com a própria vida dos sujeitos e grupos que compõem as nações e a sociedade do planeta.

Portanto, estamos apresentando uma proposta que se situa no lugar ambíguo ocupado pela religião na mentalidade moderna, ambigüidade revelada na presença crescente de múltiplas formas de religiosidade de organizações religiosas e, ao mesmo tempo, na ausência da religião como objeto de estudo das ciências ensinadas nas escolas sob a responsabilidade do Estado. Nesse lugar, a religião é, muitas vezes, afirmada como salvação da decadência moderna dentro de projetos conservadores e de movimentos fundamentalistas que pretendem superar as contradições do mundo atual; além disso, como fonte segura de verdade que deve ocupar seu lugar na sociedade de um modo geral e, muitas vezes, na comunidade acadêmica. Nessa direção, a experiência religiosa é com freqüência apresentada como conhecimento científico por certo tipo de discurso que mistura o místico com o científico – caso de alguns movimentos esotéricos –, ou que usa da ciência para fundamentar cientificamente dados de fé, como determinadas linhas espiritualistas e da própria parapsicologia. Vale dizer que essa tendência vai, na verdade, na contramão da teologia que, ao contrário, se esforça por dar racionalidade à fé, mas num esforço de sistematização lógica e de fundamentação de suas fontes, mediante o exame crítico da razão. Não se trataria, no caso, de dar base científica aos dados da fé, mas de submetê-los ao teste da razão e também de distinguir o âmbito específico da razão e da fé como esferas distintas da experiência humana em sua totalidade.

O ER assim situado não diz nem *sim* nem *não* aos pressupostos da fé. Não diz *sim* na medida em que não os assume como um *a priori* de suas tarefas teóricas e pedagógicas. Não diz *não* porque não os exclui de suas preocupações e reconhece-lhes as relevâncias antropológica, social e educacional; e, ao mesmo tempo, postula sua inserção nas ciências e no ensino escolar. A defesa subjacente à proposta de ER tem duas direções intimamente relacionadas: a) o reconhecimento da secularização como um valor a ser defendido e, portanto, a negação do ensino de conteúdos e valores confessionais na escola pública; b) a afirmação da relevância da religião e de seu ensino como uma contribuição para a construção da convivência social nos termos da pluralidade e da tolerância. No fundo, trata-se de recolocar a religião dentro da sociedade moderna, distinguindo sua natureza e função, não mais adotando matrizes culturais e políticas de determinada confissão religiosa, mas reconhecendo sua presença e importância para a vida pessoal e social de ontem e de hoje. Não se trata de reconstruir uma *paidéia cristã*, como sustentam muitos, mas de contribuir para a construção da sociedade moderna pautada na pluralidade, na liberdade individual e no bem comum. A secularização, fato e valor social e político, justificado inclusive pela reflexão teológica, não pode ser transferida para o âmbito epistemológico como um limite para o exercício da razão e da transmissão das ciências. No primeiro caso é, de fato, um valor que tem tecido a convivência social respeitosa e inclusiva para todos os cidadãos, independentemente de credos e convicções religiosas. No segundo caso é um preconceito limitador do exercício livre da investigação e do próprio ensino. A negação da hegemonia religiosa na sociedade não pode ser traduzida em hegemonia anti-religiosa que venha rejeitar a legitimidade científica do estudo e do ensino da religião nas escolas como um componente curricular importante para a educação dos indivíduos.

O ER pretende, assim, participar da construção da convivência humana sem qualquer recaída pré-moderna que resgate hegemonias de instituições religiosas ou que apresente o valor religioso, mesmo que supraconfessional, como um uso a ser adotado por todos os cidadãos de hoje. Embora a prática pedagógica não se efetive de maneira neutra, mas, ao contrário, como uma atividade teleologicamente direcionada, o ER pretende tão-somente ajudar na formação do valor urgente e fundamental da sobrevivência e da convivência humana tão ameaçada em termos individuais e globais. Nessa direção, há que ressaltar a importância de a educação atual chamar para si a discussão sobre os valores, sabendo da crescente crise das utopias e das finalidades comuns no contexto de uma sociedade centrada no individualismo consumista, no bem-estar imediato e na efemeridade de significados.

A implantação do ER como disciplina epistemologicamente legítima e politicamente cidadã nos currículos escolares se inscreve em um universo imenso de desafios de natureza teórica e política que, na prática, estão diretamente relacionados. Com relação aos desafios teóricos, as Ciências da Religião parecem estar à altura de fornecer conteúdos e métodos sobre o estudo da religião como um objeto de estudo na comunidade científica e escolar, sabendo, contudo, da necessidade de afirmação institucional dos cursos de graduação no âmbito do ensino superior brasileiro. A inclusão do ER nas escolas, a partir dos parâmetros das Ciências da Religião, não resolve, contudo, a perguntas mais amplas a serem respondidas pelos sistemas de ensino, pela comunidade científica e, talvez antes, pela própria sociedade de um modo geral a respeito da finalidade da educação e, por conseguinte, do estudo da religião. As perguntas *educar para que* e *estudar religião para que* só podem ser respondidas como resultado de um processo de conscientização sobre o ser humano e sua participação na sociedade. As ciências não respondem nem com seus resultados, nem com seus pressupostos metodológicos a essas perguntas de natureza política e ética, mesmo que devam dar sustentação para as disciplinas ensinadas nas escolas, como estamos postulando para o ER. Nesse aspecto, a definição clara das filosofias fundantes dos cursos de Ciências de Religião e do próprio ensino de um modo geral é indispensável para o direcionamento seguro da prática pedagógica. No caso do estudo da religião, trata-se de uma filosofia religiosa que forneça os pressupostos primeiros do ato de ensinar tal disciplina, ou seja, há uma reflexão sobre a natureza e a função da religião na vida humana que deve reger o seu estudo e o seu ensino, livrando, desse modo, qualquer tentação de neutralidade científica nessa prática. Com isso estamos afirmando que a práxis pedagógica se sustenta sobre opções éticas anteriores às opções teóricas e metodológicas a serem feitas na organização e oferta de cursos e no ER.

Como já expusemos antes, um outro desafio teórico a ser enfrentado é o das licenciaturas em Ciências da Religião. Além da fundamentação legal a ser conquistada, essas devem superar a clássica questão metodológico-didática que pretende tão-somente construir linguagens e estratégias adequadas dos conteúdos aos estudantes. A *transposição didática* é um desafio teórico de primeira grandeza para os estudos relacionados ao ensino, e os cursos de licenciaturas terão de enfrentá-los em sua organização e, sobretudo, na prática diária de ensinar a ensinar.

De fato, o desafio que se coloca para uma recriação do ER em âmbito nacional é acadêmico e político. Nos dois casos há dogmas cristalizados na forma da lei e de tradições políticas e pedagógicas. A desconstrução desses dogmas é uma tarefa que vem junto com a proposição de saídas. Também, nos dois casos, não estamos no ponto zero. Há construções e acúmulos teóricos e práticos já realizados, sobretudo a partir dos trabalhos do Fonaper. Já se produziram diretrizes para o ER e gestões já foram igualmente empreitadas junto aos órgãos governamentais para a produção do novo, mediante a formação dos docentes em cursos superiores regulares de Ciências da Religião.

Esses aspectos, acadêmico e político, parecem solicitar frentes de ações que, articuladas entre si, possam provocar a criação e a implantação de um modelo de ER autônomo epistemológica e curricularmente: a) ações de monitoramento das práticas de ER em nível nacional e internacional, sendo que os fatos consolidados é que poderão convencer sobre a necessidade de se criarem normas nacionais para as licenciaturas; b) ações de reflexão sobre os fundamentos teóricos do ER na esfera da comunidade acadêmico-científica, sobretudo nas instituições que já se dedicam ao estudo da religião; c) ações nas esferas governamentais em busca da normatização da formação do docente para o ER.

Esses desafios fazem com que finalizemos esta reflexão com a sensação de estarmos apenas começando. As práticas de ER, historicamente consolidadas, configuraram um quadro politicamente complexo, regido, muitas vezes, pela força de inércia. O movimento de mudança e de construção tem seu *locus* original na esfera da ciência produzida e ensinada, via de regra, nas universidades. Ciências da Religião, tão leiga quanto as outras, e licenciaturas para o ER, tão comprometidas com a educação do cidadão quanto às de outras áreas de conhecimento. Propostas que prescindirem desse *locus* correm o sério risco de ficar, direta ou indiretamente, reféns e reprodutoras de hegemonias doutrinárias de confissões religiosas ou de hegemonias científicas anti-religiosas.

BIBLIOGRAFIA

AZEVEDO JUNQUEIRA, SÉRGIO R. *O processo de escolarização do Ensino Religioso no Brasil*. Petrópolis, Vozes, 2002.
CAMBI, Franco. *História da pedagogia*. São Paulo, Unesp, 1999.
CÂNDIDO, Cristina Viviane. *O ensino religioso em suas fontes;* uma contribuição para a epistemologia do E.R. Dissertação de Mestrado. Centro Universitário Nove de Julho. São Paulo, 2004.
CNBB. *Catequese renovada*, Doc. 26. São Paulo, Paulinas, 1986.
_____. *Para uma pastoral da educação*, Estudos 41. São Paulo, Paulinas, 1987.
CRAWFORD, Robert. *O que é religião?* Petrópolis, Vozes, 2005.
_____. *Educação, igreja e sociedade*, Doc. 47. São Paulo, Paulinas, 1992.
DECLARAÇÃO GRAVISSIMUM EDUCATIONIS. *Compêndio do Vaticano II*. Petrópolis, Vozes, 1986.
DEPARTAMENTO DE TEOLOGIA E CIÊNCIAS DA RELIGIÃO DA PUC-SP. *Religião & Cultura*, São Paulo, Paulinas, n. 3, v. II, 2003.
DURKHEIM, Émile. *Formas elementares da vida religiosa*. São Paulo, Paulus, 1989.
EICHER, Peter. *Dicionário de conceitos fundamentais de teologia*. São Paulo, Paulus, 1993.
ELIADE, Mircea. *O sagrado e o profano;* a essência das religiões. São Paulo, Martins Fontes, 1999.
FIGUEIREDO, Anísia de Paula. *Realidade, poder, ilusão*. Um estudo sobre a legalização do ensino religioso nas escolas e suas relações conflitivas como disciplina *sui generis* no interior do sistema público de ensino. Mestrado em Ciências da Religião. PUC-SP, 1999.
FILORANO, G. & Prandi, C. *As ciências das religiões*. São Paulo, Paulus, 1999.
FONAPER. *Parâmetros Curriculares Nacionais;* ensino religioso. São Paulo, Ave Maria, 1997.
FRANCA, Leonel. *Ensino religioso e ensino leigo;* aspectos pedagógicos, sociais e jurídicos. Rio de Janeiro, Schimidt Editor, 1931.
FRANCHI, Anna et alii. *Educação matemática;* uma introdução. São Paulo, Educ, 1999.

FREIRE, Paulo. *Pedagogia da autonomia;* saberes necessários à prática educativa. São Paulo, Paz e Terra, 1996.
GIDDENS, Anthony. *As conseqüências da modernidade.* São Paulo, Unesp, 1991.
GRESCHAT, Hans-Jürgen. *O que é ciência da religião?* São Paulo, Paulinas, 2006.
GRÜEN, Wolfgang. *O ensino religioso na escola.* Petrópolis, Vozes, 1995.
HOUTART, François. *Sociologia da religião.* São Paulo, Ática, 1994.
KÜNG, Hans. *Projeto de ética mundial.* São Paulo, Paulus, 1992.
LIMA, Maria Cristina. *Deus é maior;* o ensino religioso na perspectiva transreligiosa. Mestrado em Ciências da Religião. PUC-SP, 2003.
MINISTÉRIO DA EDUCAÇÃO. <http://portal.mec.gov.br>.
METTE, Norbert. *Pedagogia da religião.* Petrópolis, Vozes, 1999.
MORIN, Edgar. *Complexidade e transdisciplinaridade.* Natal, EDUFRN, 1999.
_____. *Os sete saberes necessários à educação do futuro.* São Paulo, Cortez, 2003.
O São Paulo. Semanário da Arquidiocese de São Paulo, ano 51, n. 2590, 2006.
PASSOS, J. Décio. A legitimidade da teologia na Universidade: do político ao acadêmico. In: *Estudos de religião* 27, São Paulo, UMESP, 2004.
_____. *Como a religião se organiza;* tipos e processos. São Paulo, Paulinas, 2006.
PINTO, Paulo Mendes. *Para uma ciência das religiões em Portugal.* Lisboa, Edições Universitárias Lusófonas, 2005.
SCHLESINGER, H. & PORTO, H. *Dicionário enciclopédico das religiões.* Petrópolis, Vozes, v. I., 1995.
SENA, Luzia (org.). *Ensino religioso e formação docente.* São Paulo, Paulinas, 2006.
SIQUEIRA, Giseli do Prado. *Tensões entre duas propostas de ensino religioso;* estudo do fenômeno religioso e/ou educação da religiosidade. Mestrado em Ciências da Religião, PUC-SP, 2003.
TEIXEIRA, F. *A(s) ciência(s) da religião no Brasil;* afirmação de uma área acadêmica. São Paulo, Paulinas, 2001.

Impresso na gráfica da
Pia Sociedade Filhas de São Paulo
Via Raposo Tavares, km 19,145
05577-300 - São Paulo, SP - Brasil - 2007